気持ちのコントロールが苦手な子への
切りかえことば26

折れない心を育てることばかけ

公益社団法人 発達協会 常務理事
早稲田大学非常勤講師
湯汲英史／著
マンガ・イラスト 齊藤恵

すずき出版

気持ちのコントロールが苦手な子への
切りかえことば 26
折れない心を育てることばかけ

公益社団法人 発達協会 常務理事
早稲田大学非常勤講師
湯汲 英史 著
マンガ・イラスト 齊藤 恵

すずき出版

はじめに

集中して遊べるようになる子ども

子どもは成長するにつれて、ものごとに集中し、また持続して取り組めるようになります。保育所で子どもの姿を見ていると、3、4歳になるとまわりの音などにあまり影響されなくなり、お絵描きなど、自分のやりたいことに集中できるようになります。

子どもの耳には、ほかの子たちの声などが入っているのでしょう。しかし、目の前のことに気持ちが向かいます。「選択的注意」ともいいますが、自分にとって不必要な刺激は「抑制」され、必要な刺激だけを選び取ります。その結果、集中と持続が保てます。

実行機能と抑制力

「実行機能」とは聞きなれないことばかもしれません。簡単にいえば、何かを計画し、それを実現できる能力のことです。

たとえば、料理を例にあげてみます。カレーライスを作りたいと思うとき、まずは材料なども含め、準備が必要です。準備した材料を一定の手順に従い調理していきます。作っている最中に、気が散る刺激が入るかもしれません。しかし、その刺激に気を取られず、カレーライスを作っていきます。このカレーライス作りのプロセスでは、目の前のことに集中する際に、「抑制機能」が働くとされます。

抑制機能とその分野

子どもは、「やっていいこと」と「やってはいけないこと」を学ぶ必要があります。そして「やってはいけないこと」は、自分で抑制する必要があります。

たとえば、「乱暴しない」「人の物を勝手に使わない」など、日常の場面で上手に生きていくためには、たびたび抑制機能を働かせる必要があります。

人の話を聞いたり、人の動きをまねしたりするときにも、抑制機能が必要です。不必要な刺激に振り回されないことによって、効率的に学習が進むようになります。

相手の気持ちや意向を尊重しながら、コミュニケーションを取るときにも抑制機能が働きます。抑制機能は、人が社会的な活動を行う際に、必要不可決な能力といえます。

感情の抑制力が弱い

臨床の場で会う「切れやすい子」の多くは、自己中心的で自分の気持ちを切りかえるのが苦手です。乱暴はしないけれども喜怒哀楽が激しく、特に怒りの感情が強く、かつしつこい子もいます。不自然なほどにびくびくしている、気持ちが不安定な子もいます。一度泣き出すと、悔しい、悲しいといった気持ちが何時間もの間続く子もいます。逆に、泣いたり騒いだりしていても、要求が叶えられればケロリという子もいます。

感情を、過剰に表に出す子ばかりではありません。気持ちに抑揚がなく、遊んでいても楽しいのかどうかが、わからない子もいます。

これらの子たちと関わるなかで、人と上手く付き合えない原因のひとつに、ある種のことばかけが足りないのではないかと思うようになりました。子どもに、人間の感情に気づかせ、理解を促し、抑制力をつけさせることばや関わり方…。

そういうことばを『切りかえことば』と名づけ、臨床の場などで使うようになりました。これらのことばを使うことで、泣く、すねる、たたく、騒ぐといった姿を見せていた子が、比較的早く落ち着くことがわかってきました。

この本では、このような抑制力をつけるための『切りかえことば』を26語、紹介します。なお、この本では『切りかえことば』を以下の3グループに分けてみました。

①気持ちのコントロール力をつけることば
②視点を変えさせることば
③理解を高めることば

子どもたちは、自分の感情がコントロールできるようになれば、気持ちの混乱が少なくなります。安定したよい状態になれば、学ぶ力も高まります。

本書が子どもの成長に役立つことを祈っています。

2014年7月

言語聴覚士　湯汲　英史

マンガとイラストを担当させていただいた齊藤です
描きながら、大人だって「気持ちの切りかえ」って難しいなぁとつくづく…
私はモヤモヤした気持ちを引きずってしまって…
あ〜
スイッチがあったらいいな!
切りかえたいよ〜
パチ
ポチ
ガゴン
と思っていました
ましてや子どもなら「気持ちの切りかえ」が難しいのはなおのこと…
でも
大人がちょっと手伝ってあげることでずいぶん違うんです
感情のコントロールがうまくなれば
お友だちとも楽しく遊べ
集中力が高まったり
気持ちが安定したり
いいことづくめですよね!
そんなすばらしいスイッチになる
懐しいスイッチ
パチ
『切りかえことば』をどうぞお役立てください!
文末になりましたが子どもへの深い愛情と私たち親に温かい理解をしてくださる湯汲先生
感謝!!
ペコリ
そして私に描くチャンスをくださった鈴木出版の菊池さん、乙黒さん本当にありがとうございました!
読んでくださるみなさんがより幸せな毎日を送れますように!

もくじ

第3章 理解を高めることば

★それぞれの『切りかえことば』に表示されている年齢は、おおまかな「獲得・理解年齢」を示しています。

第1章
気持ちのコントロール力をつけることば

- ①手はおひざ
- ②あとで
- ③いや
- ④黙って聞こうね
- ⑤これでいいよ
- ⑥泣くのはおしまい
- ⑦半分の力で
- ⑧○○したら今度は□□ね
- ⑨かわいい
- ⑩かっこいい

「年相応ものさし」で評価する社会

人について、「年よりもしっかりしている」とか、「考えが未熟」と表現することがあります。そういう話をまわりの人としてみると、ある人への評価が同じだったりすることがよくあります。人々のなかには、どうも共通の「年相応」の基準があり、そのものさしでほかの人を評価しているようです。

たとえば、3歳の子が物を買ってもらえないといってダダをこねているのを見ると、「うるさい」と感じながらも、「幼いからしょうがない」と考えます。しかしそれが10歳の子になると「おかしいな」と感じます。さらに、もし20歳の人が3歳児と同じような行動をすれば、急に怖くなったりします。基準を超えた言動には、ある人が安全か危険かを判断するための「年相応ものさし」が使えません。だから怖くなるのでしょう。

では、同じ20歳の人といっしょに暮らす家族はどうでしょうか。たとえ基準を超えた行動をその人がとったとしても、見慣れていれば怖くはないでしょう。それは「年相応ものさし」ではなく、個人用の「特例ものさし」を使っているからです。

「年相応ものさし」は、考え方、動き方、人との付き合い方、気持ちの持ちようのほか、服装など外見にも適用されます。また、感情のコントロール力にも使われ、年齢よりも制御する力が弱いと「未熟」「幼い」と評価されます。

多数の人が同じような人物評価をする社会は、「年相応ものさし」がはっきりとしていて、ある面で安定した社会といえます。ただ、ものさしの評価が低い人や、評価の対象になりにくい人には窮屈な社会ともいえます。

「年相応ものさし」の基準は、相手によって柔軟に考えた方がいいでしょう。

感情の発散と抑制

人は感情の動物といわれます。大切な人を亡くしたときには、悲しみに耐えられなくなり、号泣することもあるでしょう。こういうときには、泣くことで気持ちのカタルシス（浄化）が得られるとされます。悲しい気持ちを発散させずにため込んでしまうと、いつまでも引きずり、気持ちの切りかえができません。

怒りもそうです。怒りたいときには怒った方がいいともいわれます。気持ちの発散が、確かに必要な場合があります。

ある5歳の女の子は、お母さんが病院から退院して帰ってきた瞬間に、泣きながら抱きついてきたそうです。入院したときも、また見舞いに来たときも、女の子は泣かなかったので、お母さんは平気なのだと思っていたそうです。

ところが、退院したときに泣きながら抱きついてきました。その瞬間にお母さんは、子どもは子どもなりに心配をかけないようがまんしていたことを知りました。感極まって泣いた子どもの姿に接したときに、多くの人が「けな気」とも感じることでしょう。

感情は、発散させることで本人にカタルシスが得られます。ただ、その表現の強さや、発散の相手や場所などの条件によっては、まわりに強い不快感を与え、残してしまいます。相手やまわりのことを考えての感情表現には抑制があり、ときには「けな気」と高く評価されることもあります。

気持ちのコントロールを促す

大人は、子どもが泣いたり怒ったりすると、しからずについなだめてしまいます。赤ちゃんの場合は「よしよし」でも仕方がないでしょう。しかし年齢が上になってくれば、「泣かずにがんばって偉かったね」という姿を目標に対応したいものです。子どもにも相応のコントロール力を期待し、「お兄さん、お姉さん」になれるよう促していきます。

感情のコントロール力は、将来にわたってまわりと調和するためばかりでなく、自分への肯定的な評価を得るためにも必要な能力となります。

1

手はおひざ

待てる子にする

1歳～

何かを始めるときに、スタートを意識させることばです。
「待つ」ことで自分をコントロールできるようになります。

手はおひざ

はい大好きないちご
きゃー
あーん
あ！待って！
手はおひざ！お兄ちゃんといっしょに食べようね
今行くー
ペロ〜〜
手はおひざね待っててね
いただきまーす
ママ！ミルクかけて！
ぱくぱく
待つことで自分をコントロールする力と
トロ〜
わ〜い!!
ちーも！ミルク！
あらでももういちごないよ！
おいし〜
人のやることを見て学ぶことを教えます

スタートを意識させることば

クリニックでは、小さい子には指導の前に「手はおひざ」と言います。このことばに合わせて、手をひざに置いた瞬間から、子どもは大人とのやりとりを意識します。食事の前の「いただきます」、授業開始のときの「礼」のかけ声、学校や会社の朝礼での「おはようございます」…。何かを始めるときに、自分と相手、集団にスタートを意識させることばです。「手はおひざ」は、指導を始めたばかりの子に対し、礼儀やあいさつのことばと同じ役割を持ちます。

始まりを教えるためばかりではありません。「手はおひざ」にすることで、教材などを勝手に触らないで、大人の動きをよく見ることを伝えます。子どもはことばを理解する力が十分ではありません。だからこそ、人のすることをよく見て学ぶ必要があります。このような学習法を「観察学習」といいます。

おもちゃなどにすぐに手を出す子は、観察学習が不足しています。このために、自分勝手にやって失敗することが多くなります。失敗すれば、当然ですがおもしろくありません。おもしろくなければ興味は続きません。それですぐに飽きてしまいます。こういう悪循環を断つためにも、手をひざに置き、お手本をよく見て教わることが必要です。よく見ることができれば、たとえ失敗しても、適切なやり方をもう一度教わることができます。

ルール理解の第一歩

「手はおひざ」と大人が言っても、子どもは長い間は守れません。そのうちに、手が出て勝手に触ろうとすることでしょう。そのときに「手はおひざ」と言います。子どもがそれに気づき、手をひざに置けば、その場のルールがわかってきた可能性があります。

ルールは見えません。見えないけれども、それを了解し、守る努力をしなくてはいけません。見えないルールが、社会のなかには張りめぐらされています。ルールがあること、そしてそれを守らなくてはいけないこと、そういう約束事への理解の第一歩が、「手はおひざ」でもあります。

2

あとで

期待しながら待てる子に

1歳6か月〜

このことばは、ものごとには順番があることを教えてくれます。「あとで」への了解は、未来への期待の始まりです。

あとで

赤ちゃん時代から抜け始めると
ただいま！
ぎゅーにゅー
牛乳はあとで手を洗ってからね！
まって！
ぎゅーにゅー
お手てきたないよ～
ものごとには順番があることや
すぐ飲みたい
ごくっ
わっしょい
わっしょい
自分をおさえる
ぎゅーにゅーはあとで
がまんして大人に従うことも少しずつわかってきます
「待てる」ことで大人は楽になり
明日ね
でんしゃでんしゃ
今度ね
子どもは時間の流れを感じだし
次に来たときね
先を期待したり、想像したりできるようになります

ものごとの手順を教える

「あとで」「今度ね」「次に来たときね」ということばがわかり、納得できるようになったとき、親の手は楽になります。

赤ちゃんのころは、目の前のことにしか気持ちが向かず、自分の思いを果たすことが最優先の時代です。赤ちゃんは必死で泣きます。そうやって泣いて求めて栄養を吸収しないと、生きていくことが難しいともいえます。

赤ちゃん時代から脱してくると、少しの間は食事が待てるようになってきます。「ご飯の前に手を洗おうね」ということばに従えるようになります。ものごとには手順、順番があり、それに従わなくてはいけないと思えるようになります。

3歳前後から、自分の好きなもの、自分がしたいことへの自己主張が強くなってきます。おもちゃ売り場でダダをこねる、行きたい場所へ行けないと泣き叫ぶ、自分がしたい遊びをいっしょにやろうと要求するなどの姿が見られ始めます。

ただそのうちに、買うことや行くこと、あるいはいっしょに遊ぶことは、決して自分だけで決められることではないということがわかってきます。決定権は相手にもあることを了解するようになります。

「待つこと」は未来への期待を育む

子どもは、「あした」や「きのう」も理解し始めます。ただこのころの「あした」は、今から先のこと、「きのう」は今までに過ぎたことといった理解とされます。大人のような、カレンダーに基づいた明日や昨日ではありません。とはいえ、子どもなりに時間の流れを実感するようになります。

子どもが「待てること」の内容や時間の長さは、成長するにつれて変化していきます。内容や時間はともあれ、待てるようになりながら、子どもは時間を感じだし、また未来への想像力を広げていくのでしょう。

「あとで」への了解は、未来への期待の始まりといえます。

3

いや

正直に気持ちを表す

1歳6か月～

気持ちや思いをはっきりさせることばです。「いや」と言えないと、いつもまわりに引きずられ、自分がなくなる可能性もあります。

いや

貸して
あ…
…
これ
貸して
やめて！
わーん
あっちいけー
ポカポカ
きゃー！
わーん
貸したくなかった？
いやだったのね？
あのね、いやなら
「いや」って言って
いいのよ
がまんしたり
たたいたりしないで
「いや」って
言おうね
じゃごめんなさいしようね！
「いや」って
言えば
いいんだ…
「いや」は自分を
守ることもある
ことを教えます

「いや」と言えない子

「いや」「だめ」ばかりを言い、扱いに困る子がいます。その一方で、「いや」とはっきり言えない子がいます。「いや」と言えなければ、いつもまわりに引きずられ、自分自身がなくなる可能性があります。いやなとき、不愉快なとき、やめたいときなどに、それを表現できなければ、子どものなかには後悔が残るでしょう。それは、自信の喪失にもつながりかねません。これは発達的にみて、健全な状態とはいえません。「いや」と拒否できない子には、相応の配慮が必要です。

「いや」と言えない子のなかには、おっとりとした子や、性格が慎重という子がいます。ゆったりと接することが必要なタイプです。「いや」と言えるようになることを性急に求めずに、子どもの気持ちを確認しながら、それを表現することを促していきます。

性格的にやさしい場合もあります。「いや」と言うように無理強いしても難しく、それがかえってプレッシャーになるような子です。こういう子では、大切な場面で「いや」と言えるならばそれでいい、と考えた方がいいでしょう。

「いや」な理由が言えない

なかには、理由が言えないので「いや」と言えない子がいます。「いや」と言うと、そのあとに「どうして?」と理由を問われることが多いものです。その理由が思い浮かばず、答えられません。それがいやで、自分の気持ちを表現できない子です。こういう子のなかには、いやなときに、「いや」と言わずに急に乱暴する子がいます。当然ですが、まわりとはうまくいかず、不適応状態となります。理由が言えないことを理解し、理由も含め、相手にわかってもらうための表現方法を、繰り返し教えていく必要があります。

なお「いや、だめ」と言っていつも拒否する子には、「いやと言わない」と教えましょう。

参照：「だって」（『子育てが楽になることばかけ 関わりことば26』鈴木出版／刊）

4

黙って聞こうね

ルールに従える子に

2歳～

さまざまな面で、「決めるのは自分」と決定権を誤解している子がいます。たとえば、会話の決定権は相手にもあることを知ることで、ルールに気づくようになります。

黙って聞こうね

申し込んで1週間で郵送されて…
ねー帰り アイス買って
ねーねーねー
今、大人がお話しているの 子どもは黙って聞こうね
ムッ
だってママたちばっかり話しててずるい
こんどはまーちゃんの番なの！
ごめんなさい ちょっと待ってね
まーちゃんもお話するの！
ね！
いけません 大人がお話しているから
黙って聞こうね
…
長い！
黙って聞いていられたね
根気強く教えていきます

自分の話ばかりしたがる子

クリニックには自分の興味のあることを、母親にまとわりついて話し続ける男子の中学生や高校生が来ます。お母さんが聞き流したりすると、真剣に怒ったりします。なかには、怒りが暴力にエスカレートしていく場合もあります。

こういう青年は、おおむね柔和でやさしげな印象です。事前に、家庭での状況を親から聞いて面接しますが、聞いたイメージと違い、驚くことも再三です。このような青年たちの多くに共通するのは、途中から面接に来なくなることです。人に合わせながら話すことが苦手のようで、友だちもいないか、限られています。

会話の決定権は相手にもある

子どもは3歳代になると、親同士の話などに割り込んできます。大人の話がわかるはずもなく、参加したい気持ちは受け止めながら「黙って」と大人は注意します。ところが子どもは、注意されると怒ったりします。ここでひるまずに、「今は大人の話、子どもは黙って聞く」とたしなめていく必要があります。

会話はひとりではできず、相手が必要です。会話には、《話をする、話を聞く》

という順番があり、聞くかどうかは相手にも決定権があるという了解があります。そのことを教えておかないと、自分が会話をしきって当然、勝手に話しても許されるという誤解を持つ可能性があります。

冒頭の中高生ですが、会話の決定権は自分にあるという誤解が、母親への執拗な話しかけのベースにあります。そして、親はきちんと答えるべきだという「誤った信念」から、本人なりには「正当な暴力」が親への罰として行使されるようです。

会話ばかりでなく、さまざまな面において子どもは決定権への誤解を持ちがちです。誤解させないことこそ、精神的に安定した青年期を迎えるための条件だと思います。

落ち着きのない子にとって、黙って聞くことは、気持ちのコントロール力を高めてくれることにもつながります。

5

これでいいよ

大丈夫と伝える

2歳6か月～

子どもに見通しを持たせることは大切です。ゴールが見えないと、自分は何をどこまでやればいいのかわからない…。そんなときに、「大丈夫」と伝えてあげることばです。

これでいいよ

大人はゴールをわかったうえで子どもに何かやらせていますが
スタート
ここまで
いつまでやるのかなぁ…
ゴールの見当がつかず不安に思う子もいます
う～ん
もう少し上手になるまでがんばって!
?
あいまいな表現ではなく
まだまだだねぇ
あと10回でいいよ
具体的に数や量を言う
下のところまで塗ったらいいよ
子どもにわかりやすいゴールを伝えます
終わりがわかることで不安が消え、集中してできたり
もうちょっと
あと3回!
苦手なことをがんばろうと思えたりします

ゴールを想像できるように

大人にはおしまいの姿、ゴールが見えています。ところが、子どもは大人と違い、これから何が起こるのか、自分は何をやればいいのかわからないことも多いでしょう。園での活動や課題学習の様子を見ていると、そう感じます。

子どものなかには「勘がいい」子がいます。1歳前後から、大人のやることなどを見て、求められていることを了解し、楽々とこなしていくように見えます。こういう子は、大人から注意を受ける回数が少ないのも特徴で、大人のイメージするゴールを早く了解できるようです。兄弟姉妹にも、育てやすい子とそうでない子がいます。大人のイメージに対する勘のよさも、そういう違いを生むのかもしれません。

もちろん勘がいい子ばかりではありません。多くの子どもは何度も言われ、細かく注意されて、やっとできるようになっていきます。こういう子たちの大半には、どこまでやればおしまいかをはっきりと示した方がよいでしょう。

「これでいいよ」ということばで、その区切りを子どもに伝えます。

また「いいよ」ということばで、子どもへの評価も同時に伝えます。子どもにとっては、もっとやろうという意欲を引き出すことばにもなるでしょう。

子どもに合わせて目安を設定する

子どもにとって課題が難しそうなときには、できあがりの姿を見せて、そして完成の一歩手前から取り組ませてもいいでしょう。そうやって自分でもできることを教えます。

「まだだよ」「もうちょっとだね」といったあいまいな表現がわかりにくく、そのことで混乱する子もいます。回数がわかる子には、「まだだよ」よりも「あと10回で終わり」の方がわかりやすいでしょう。時間がわかりだしたら「もうちょっと」ではなく、「あと5分で終わり」の方がはっきりと伝わります。

6

泣くのはおしまい

終わりを教える

2歳〜

子どもに終わりを教えることばです。ひとつの気持ちにも終わりがあることを教えてくれます。

泣くのはおしまい

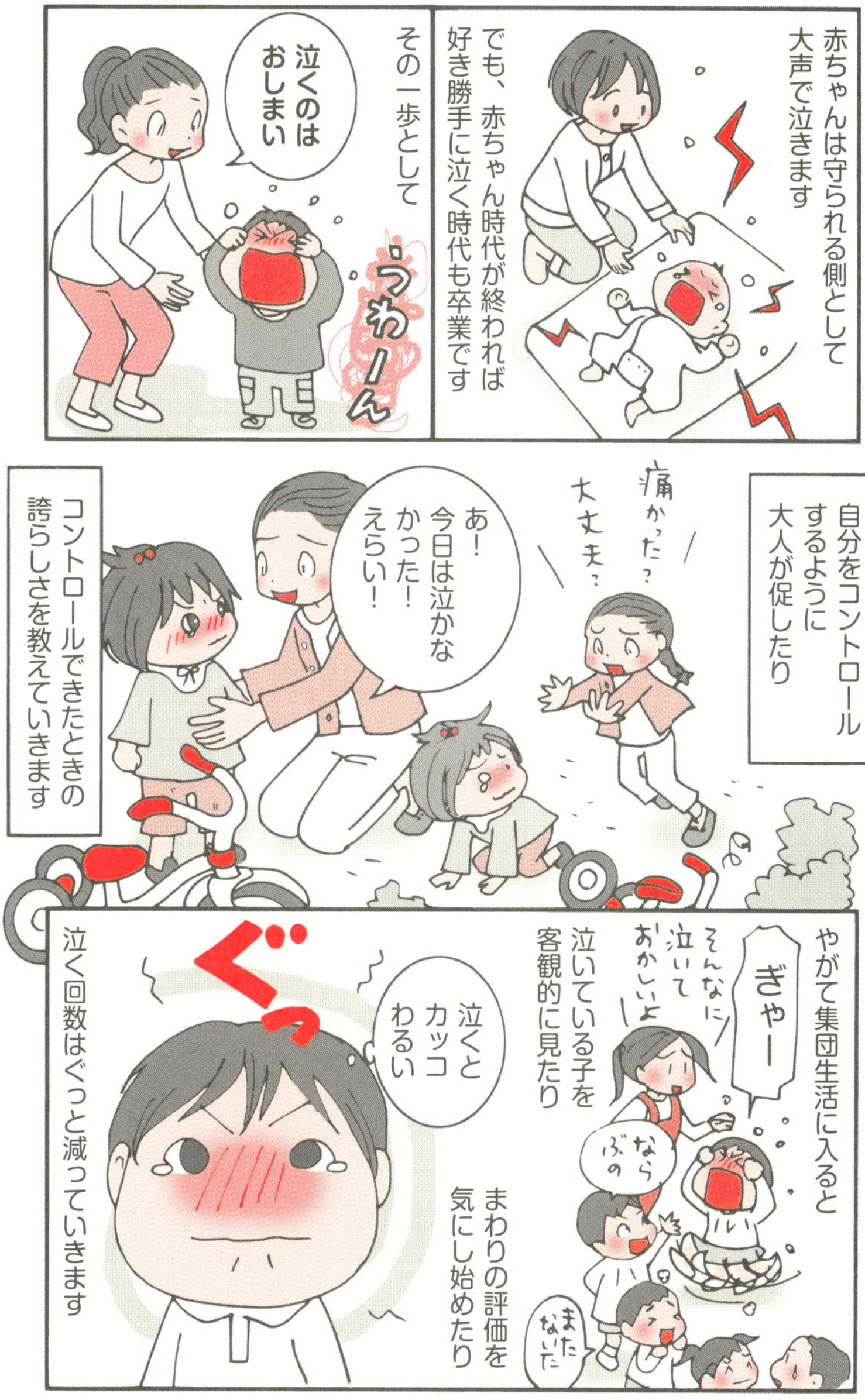
赤ちゃんは守られる側として大声で泣きます
でも、赤ちゃん時代が終われば好き勝手に泣く時代も卒業です
その一歩として
泣くのはおしまい
うわーん
自分をコントロールするように大人が促したり
痛かった？
大丈夫？
あ！今日は泣かなかった！えらい！
コントロールできたときの誇らしさを教えていきます
やがて集団生活に入ると
ぎゃー
そんなに泣いておかしいよ
泣いている子を客観的に見たり
ならぶの
またないた
まわりの評価を気にし始めたり
泣くとカッコわるい
ぐっ
泣く回数はぐっと減っていきます

「○○」はおしまい

気持ちを切りかえさせるために、幼児期も初めの段階から使われることばです。たとえば「泣くのはおしまい」「怒るのは終わり」「プンプン（怒るの）はこれまで」といった使い方をします。「おしまい」のことばは、ひとつの気持ちにも終わりがあることを教えてくれます。また、まわりを困らせるような態度はよくない、自分の感情をコントロールすべきことを、子どもに伝えてくれます。

気持ちに区切りをつけることで、子どもは自分のなかの感情に振りまわされなくなっていきます。感情をコントロールすることの大切さ、それを統御できる誇らしさも味わっていくことでしょう。

泣かないことで感情をコントロールしだす

子どもの成長を見ていると、赤ちゃんのときは一日に何回も泣きます。幼児期の初めのころまでは、回数は減りますが赤ちゃんに似てよく泣きます。ところが3、4歳になると泣かないでがまんする姿が見られだします。ただ泣くことそのものは残ります。

小学校に入り、一年生、二年生と進むと泣くことがぐんと減ります。泣くことは恥ずかしいと考えるようになり、同級生でも泣く子のことをばかにしたり、からかったりするようになります。「人前で泣くのは恥ずかしい」という気持ちは、その後ますます強まっていきます。泣くことばかりでなく、喜怒哀楽を正直に表さなくなるようにもなっていきます。

赤ちゃんが大泣きするのは、動物として考えると敵に発見されやすく生存には不利とされます。赤ちゃんの泣き声は、まわりの大人に放置できない気持ちを起こさせます。泣き声が群れの一員として赤ちゃんを守ろうという意識や、養育への意欲をかき立てるのかもしれません。子どもも大人になっていくにつれ、赤ちゃんを守る側になります。泣かなくなるころ、感情のコントロール力も大人に近くなります。

7

半分の力で

調整力をつける

3歳〜

運動の調整力をつけることは、自分自身をコントロールすることです。そして、さらに気持ちのコントロールにも通じていきます。

半分の力で

半分の力で投げてごらん
半分？
？
？
はーい
うーんとそうじゃないの
ママに届くようにでもバーンって力じゃなくて…
具体的にやってみせる
これが普通の力
みて！
ポン
これが半分の力
トっ
トっ
こう？
ぽーん
あ！上手になった
もう少しふんわりできる？

半分の力で

動きを調整することは、気持ちのコントロールの練習にもなります
ズルイよー
だからボクが
ちょっとまって!!
お話はかわりばんこにしようね
ねーねー
あのね…
あら、遊ばないで聞くならちゃんと聞こう
ぎゃはは
公共の場でー
ねーねーー
またあのお薬?おんなじ?
声が大きいよ
小さい声でね
病気の人がいるのよ
いちご味がいいなー
ね!
声の大小の調整や
動作の速さの調節(特にゆっくり)も自己コントロール力を育む助けになります
うまいうまい
ゆっくり
やってごらん
そうゆっくり

自己コントロール力をつける

自分自身へのコントロール力は、さまざまな工夫でつけることができます。たとえば「ゆっくり競争」です。10メートルほどの距離ですが、ゴールに向かい静止しないでゆっくりと前進するのが条件です。そして一番遅く、ビリに到着した子が勝ちという競争です。遅い方が勝ちというのは、子どもにとって難しく、自己コントロールをつけるいい練習となります。

また、ボール投げで「半分の力で投げる」と指示します。もちろん厳密に球速が半分でなくてはいけないというのではありません。あくまで全力ではなく、しかし相手に届くように力を調整して投げられるのが目標です。自分の動きを調整できることは、気持ちのコントロール力に通じるものがあるようです。

大きな声、小さな声

声を出すのは、さまざまな筋肉を協応させて動かすという点で、運動の一種です。子どものなかには、大きな声で話す子がいます。声が大きくないと聞こえないなど聴力に問題がなければ、声量のボリュームは調整力の不足もひとつの理由として考えられます。声の大きい子では、動きも粗雑な子が多く、日々のなかでもっと小さい声で話すよう注意していく必要があります。あわせて、運動などを通して「不器用さ」解消の訓練も大切です。運動を日常的にやっていけば、体を動かすことが嫌いではなくなるでしょう。そうなれば、練習の積み重ねによって、不器用さもある程度解消されます。

逆に、小さな声でしか話せない子がいます。こういう子には、大きな動きを教えるなどを通して、力を込めて声を出すコツを教えていきます。

なお、動きや声量の大きさは、人や文化によって感じ方が違います。ほかの人の感じ方などで、適否を確認した方がいいかもしれません。

相手の気持ちを察する

ほかの子の体に触れるときに、その手の力が強すぎて、相手からたたいたように思われる子がいます。そのことが原因で、不要な争いにつながったりします。こういう子の場合には、日常的に相手の体に触れる際の適切な強さを教えていく必要があります。ときには、たたかれた後にとても痛そうな表情を見せながら、「いたい!」と注意するのも効果的でしょう。ほかの子にも、がまんせずに自分が感じたように注意させるのも効果的です。

相手が痛がるほどに強くたたいてしまう子は、人の表情などからその気持ちを察するのが苦手のようです。痛く感じたときに、それを表情やことばで伝えることで気持ちを察する力を高めます。

逆に、力が弱すぎて相手に気づいてもらえない場合もあります。こういう子は、あまり問題視はされませんが、相手が気づいてくれないので人との関わりに自信をなくすことがあります。弱すぎては相手が気づいてくれないこと、適当な強さでたたくことを教えます。

8

○○したら今度は□□ね

やるべきことを整理する

3歳〜

やるべきことを整理してくれることばです。先の見通しがつきにくい子に、やるべきことを明確に伝え、手順を「見える化」してくれます。

○○したら今度は□□ね

お砂場！
お砂場！
もう夕方よ…
それに片づけないと
これじゃ行けないよ
10分後ー
いくーいくー
あーあー
片づいてないし
もう遅いからだめ
買い物もあるしね
ぎゃ〜〜
しょうがないなー
今日はトクベツね
時間ないから
ママが片づけるよ
えへへ
このトクベツが
ゴネれば思い通り
になるという歴史の
第一歩となった
偉大なる？
チョロイよ
ママ♡
では、どうしたらよかったか
ちょっと巻き戻し…
いくー
いくー
お砂場！
お砂場！
じゃあ時計の
針がここにいく
までに床のおもちゃ
全部箱に入れてね
❶指示は
より
具体的に
できたら
行こうね
ママも
準備する
から…
え〜
❷区切りを
はっきり
つける

約束の時間になりー
さあママは準備ができた
行こうか
たっくんは？
あ…
残念！できなかったから今日はあきらめようね
ぎゃ〜〜 いく〜 いく〜
ここは大変ですが、ルールを守ることを教えるため譲りません
いっつもこうでしょ
だからといって長々とお説教してもムダ
長くなるな…
←耳が貝モードが上達
回数や時間などの
3回やったら絵本読むね
くるま
長い針が12にいくまでにやろう！
区切りをハッキリさせ
手順が難しいときは目でわかるように
お皿と
おはしと
コップを1つずつ並べてね
目の前に並べたり
床のおもちゃを全部箱に入れて
手を洗ったらおやつね
写真や絵で見せたり
ルールがあることがわかり、守れると園やお友だちといっしょに楽しめる場面がどんどん増えます

外部基準と内部基準

　今では笑い話になりますが、幼児期から小学校の半ばまで、お母さんからよくしかられていた子が中学生になり、ひょっこりとやってきました。落ち着かない子で、クリニックの個室で突然逆立ちをした初めての子でした。衝動性が高く、いたずらをすることが続いていました。それで、親から怒られることも多かったのだと思います。

　以前に、ある有名な女子マラソンの選手が自分のがんばりに対して、「自分のことをほめてあげたい」と話しました。このような「自分ボメ」ですが、小学校の高学年あたりから耳にするようになります。自分ボメのポイントは、ほかの人がどう思おうが自分は自分のことを偉いと思っているという点です。これは「ほかの人＝外部基準」ではなく「自分なりの評価＝内部基準」ができたことを示しています。内部基準ができてくると子どもは個性的になり、ときには人の意見を聞かなくなったりもします。

　この子は中学生になってから、急速に落ち着いてきました。「自分で自分をほめたいことは？」という質問に、「学校の図書館の本を一年間で４００冊読んだこと」と話しました。この話から、彼の中に内部基準が形成されたことがわかります。

貝の耳

彼は、大量の読書の成果もあってか、読書感想文で大きな賞をもらったりしました。なぜ彼が再び私のところに来たのかというと、自分も心理学関係の仕事がしたい、ついては進路への助言がほしいとのことでした。

彼の質問に答えたあとに、「あれほどお母さんからしかられていて、よく自信喪失にならなかったね」と聞いてみました。その答えは「聞こえていなかった」でした。かろうじて、塾などがあって終わりの時間が決まっているときには、聞いて返事をしていたと続きました。何時間にもわたりお説教が続きそうなときには、「貝の耳」状態になれるとのことでした。

親が、叱責に費やしたエネルギーは何だったのかとも思いますが、多くの場合、子どもは聞いていないし、しかられた内容についての記憶もあいまいです。

大人の方は反省の色が見えない、謝罪のことばが聞かれない、今後の行動についてはっきりとした約束をしないなどの理由で、長期戦になりがちです。一方で、子どもは早く終われと心中では念じています。

終わりの回数や時間をはっきりとさせ、印象強く約束をし、それで早々に切り上げることが必要なのかもしれません。特に幼児から小学生の間では、そう感じることがあります。

なお、先の見通しがつきにくい子がいます。こういう子には、やるべきことを明確にして伝えます。

9

かわいい

ほかの女の子と共感できる

5歳～

女の子独特の判断基準「かわいい」。社会性に問題がある女の子でも、「かわいい」がわかると、ほかの女の子と共感ができます。

かわいい

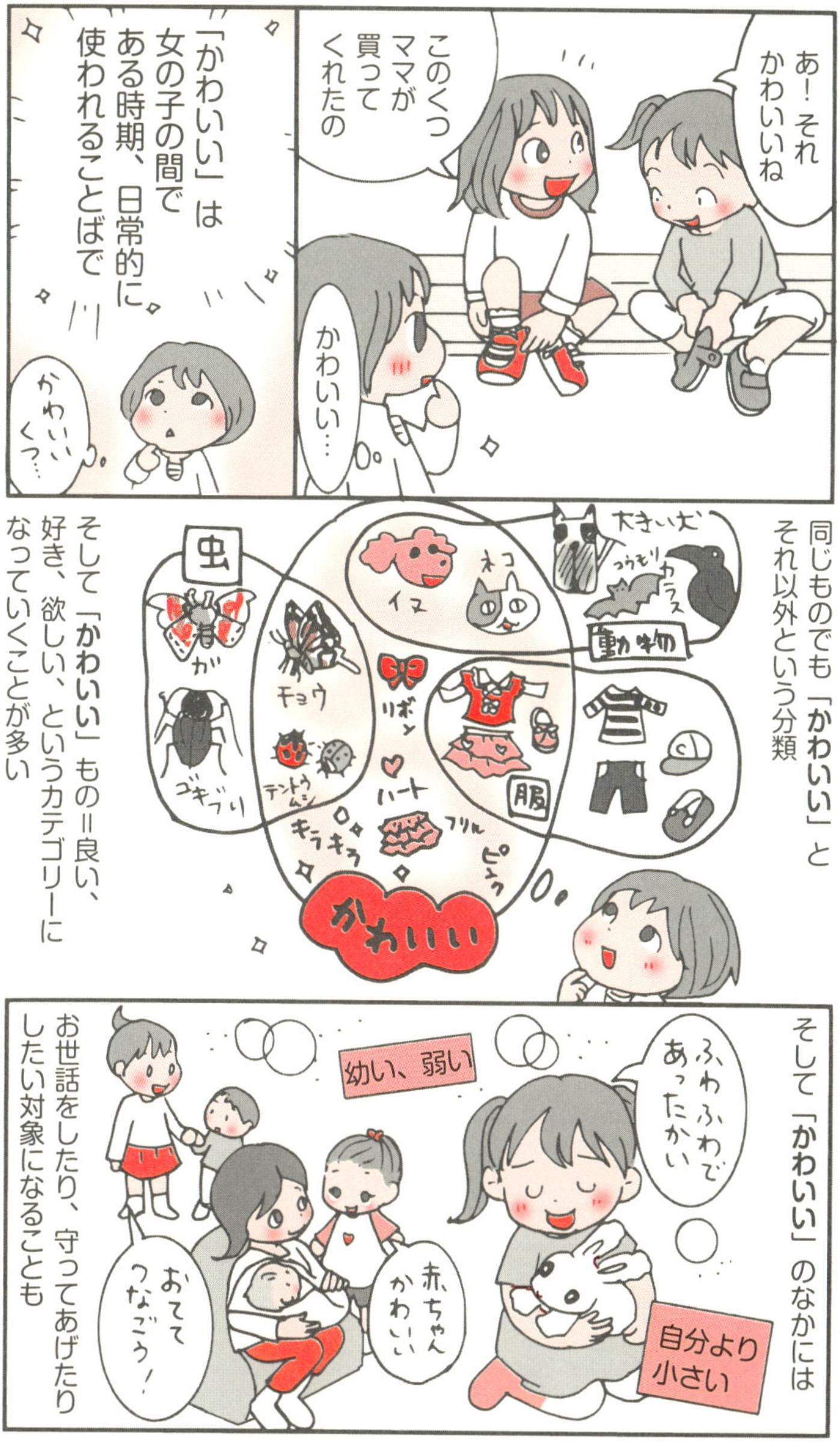
あ！それかわいいね
このくつママが買ってくれたの
かわいい…
「かわいい」は女の子の間である時期、日常的に使われることばで
かわいいくつ…
同じものでも「かわいい」とそれ以外という分類
大きい犬
コウモリ
カラス
動物
イヌ
ネコ
虫
ガ
ゴキブリ
チョウ
テントウムシ
リボン
ハート
服
フリル
キラキラ
ピンク
かわいい
そして「かわいい」もの＝良い、好き、欲しい、というカテゴリーになっていくことが多い
そして「かわいい」のなかには
ふわふわであったかい
自分より小さい
幼い、弱い
赤ちゃんかわいい
おててつなごう！
お世話をしたり、守ってあげたりしたい対象になることも

かわいい

そんな時期の子どもには
かわいい?
ばー…
赤ちゃん笑ってる!
ほんとだ! かわいいね
やさしい気持ちに気づいたとき「かわいい」を使ってみる
ひとりで行ける?
じどうかん
いっしょに行ってあげようか?
小さい子をかわいがれるのはお姉ちゃんね!
ママ感心しちゃった
へへ…
こんなほめ方や
こんな注意の仕方でも届きやすいかも
あの言い方はかわいくないんじゃない?
ほめたり、注意するときに使ってみる
さらに大きくなると「かわいい」の共感が友人関係を作ることもあり
きゃー これってかわいいかも
うん かわいいよね
女の子の間では、大きな影響がある感覚となる場合が多い

多くの女の子の判断基準

女の子は3歳前後から、たとえば何かを選ぶときに「かわいい」が理由となりだします。かわいいから「買いたい」、「好き」と話します。年齢が上がるにつれ、それは小さい子にも使われるようになります。「かわいいからいっしょに遊びたい」「かわいいから世話をしたい」というように、親近感や養育本能を刺激するようにもなります。さらに、小学校に入る前には、女の子らしい「かわいい」服や髪型をした人物画を描きだします。色合いも、明るい色が使われます。

この「かわいい」ということばですが、3歳の子に「ぞうさんは、かわいいですか?」と聞きます。その答えは「ぞうさんは、かわいい」です。

ところが同じ質問を5歳の女の子にすると、「ぞうは、かわいくない」と話します。その子に、どうしてかわいくないのか、その理由を聞くと「大きいから」と答えたりします。「かわいい」のは小さくて、手を使って世話ができるものというように、スケールによって変わっていきます。

「かわいい」とともに、女の子が好む判断基準は「やさしい」です。自分が小さい子の世話を焼けるようになったころから、「やさしい」は自覚されだすようで、相手がやさしくないと非難したりします。

女の子同士の共感

毎週一度、保育所にうかがっていますが、ときに男女比が半々ではなく、大きく離れたクラスに出会うことがあります。たとえば24名のクラスに、女児が6名しかいなくて、男児は18名です。男女比は3：1となります。

こういうクラスにいる女の子は、しばしば活発な動きが多くなり、女の子が好むような、おままごと、お絵描きなど静的な遊びが少なくなるようです。また、描かれる絵でも、かわいい人物画が少なかったり、内容が貧弱だったりします。

こういうクラスにいる女の子は、「かわいい」に鈍感になる可能性があります。「かわいい」がわかりにくい子は、小学校に行ってから女の子の文化になじめないかもしれません。できれば、女の子を集めてグループを作ってあげ、かわいさへのセンスを身につけさせたいものです。また、大人が「かわいいね」と声をかけてやり、「かわいい」に目を向けさせます。

社会性に問題がある女の子でも、「かわいい」がわかると、ほかの女の子と共感ができます。小学校の低学年では難しくとも、高学年あたりから、好きな友だちができる可能性があります。

小学校に入り年齢が上がると、ドクロとか、骨、黒色など感覚的には「不気味な印象」のモノを「かわいい」と言う子もいます。そういう感覚はひとりだけのものではないらしく、そういうものを集めたグッズショップがあったりします。

女の子が泣いたり怒ったりして騒いでいるときに、その姿は「かわいくない」と注意すると自制心を生み出すことがあります。こういうときに、本人が人から「かわいい」と見られたいと思っていることがわかります。

10

かっこいい

多くの男の子の価値判断

6歳～

男の子の判断基準のひとつです。多くの男の子にとって、「強い＝かっこいい」「力がある＝かっこいい」「負けない＝かっこいい」なのです。

かっこいい

男の子によく見られるヒーローごっこ
トォー
ぼくヒーロー
やるやる！
じゃあおれレンジャー
敵は？
敵いないとつまんないよ
ママ悪者やって！
たのむ
えー
テレビや雑誌でよく見て
ヒーローアタ〜ック
うおー
アタック!!
かっこいい
正座
友だち同士で情報交換
必殺技のさー
ジャンプのしかたが違う
トー
ヒーロー一色の時代は価値観も
ガォー
くえー
ビビビ
強い＝かっこいい
負けない＝かっこいい
大丈夫か
ありがとう
うっとり
と変化していきます

かっこいい

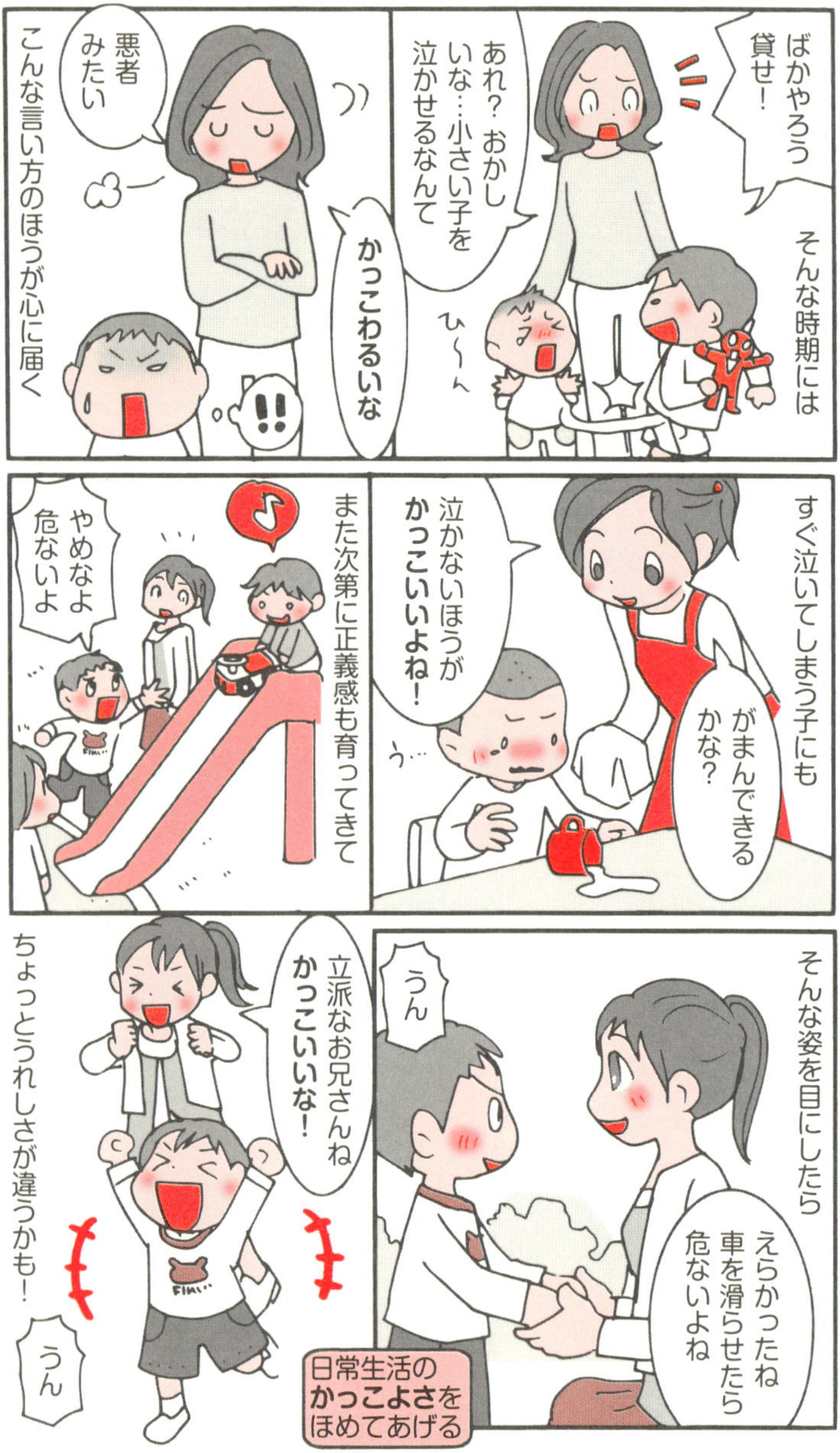

そんな時期には
ばかやろう
貸せ!
あれ? おかしいな…小さい子を泣かせるなんて
ひ〜ん
かっこわるいな
悪者みたい
こんな言い方のほうが心に届く
すぐ泣いてしまう子にも
がまんできるかな?
泣かないほうがかっこいいよね!
う…
また次第に正義感も育ってきて
やめなよ
危ないよ
そんな姿を目にしたら
えらかったね
車を滑らせたら危ないよね
うん
立派なお兄さんね
かっこいいな!
ちょっとうれしさが違うかも!
うん
日常生活のかっこよさをほめてあげる

ヒーローごっこ

多くの男の子は、ヒーロー物語が好きです。戦いごっこは、3歳代から見られたりします。ただ、ヒーロー好きも個性の面があり、おとなしい遊びが好きな男の子もいます。

ヒーロー好きな子は、ウルトラマンや仮面ライダーなどを好むようになり、ヒーローになりきって遊ぶ姿を見せる子もいます。その勢いが強く、乱暴に思われたりもします。

話は変わりますが、レストランや電車の中で、とても大人しくおりこうさんの男の子を見かけることが多くなりました（もちろん、動き回り騒々しい男の子もいますが…）。大学では草食系男子といわれる、中性的な、ひ弱な印象の学生と出会います。そういった学生を見ていると、幼児期はどうだったのかと気になります。

子どもは、昔の方が活発だったといわれます。特に男の子は、危ないことをしがちでした。ただ、親の方も生活に追われていて、そういう子にかまっていられなかったのでしょう、だから野放し状態でした。

昔の子どもと今の子どもを比較して、どちらが幸せかといえば、いろいろな基準があり、単純に決めることはできません。ただ、昔よりも今の方が、子どもを見る目がきつくなった、厳しくなったようにも思います。そのために、子どもは子どもらしさを発揮できなくなっている気がします。

セクシュアル・アイデンティティ

幼児期に特徴的な会話として、「ケッコン話」があります。「タロウ（家で飼っている犬の名前）とケッコンする」「ママとケッコンする」などと話すようになります。異種や同性とのケッコン話は、年齢とともにだんだんと内容が変わります。異種や同性とは結婚できない、家族でない異性としかケッコンできないことがわかってきます。

自分の属する性がわかることを、「セクシュアル・アイデンティティ」の確立といいます。これはおおむね6歳前後にわかってきます。ケッコン話ですが、小学校に入ると子どもは、徐々にしなくなっていきます。幼児期のケッコン話は、自分の属する性を理解するために用意された時期と内容なのかもしれません。

「かっこいい」という価値判断

男の子ですが、ヒーローに強い関心を持つころから「かっこいい」という価値判断を持ち出します。「強い＝かっこいい」「力がある＝かっこいい」「負けない＝かっこいい」と考えるようになります。セクシュアル・アイデンティティが確かになると、身近な同性である父親へのあこがれが生まれてきます。父親にあこがれだすと、父親のことを「かっこいい」と評するようになるようです。また、自分も「あこがれの人＝父親」と同じようになりたいと願うようになります。

この時期になると、正義もわかってきます。ただ強いだけではだめで、正しくなくてはいけないと思うようになります。もしも泣いたり騒いだりしたときには、「（お兄ちゃんなのに）かっこわるい」と評してあげましょう。自分の「抑制力の弱さ＝赤ちゃん」と認識するようになれば、自制心が高まるはずです。

コラム

気持ちや思いをはっきり言えない…

自分の気持ちを激しく、しつこく表現する子がいる一方で、うまく表現できない子がいます。大人が問いかけても、答えられなかったり、答えても内容が不十分で、意味がわからなかったりします。おとなしい印象の子が多いのですが、内面では自分の意見や気持ちをはっきりと持っている子もいます。自分の気持ちや意見を言えないタイプは、下記のように分けられます。

ひとつは「過緊張」のタイプです。人と向かい合うと緊張して、自分をうまく表現できなくなります。時間をかけて、あせらずに気持ちを引き出していく必要があります。会話場面で緊張が高まるときは、いっしょに運動するなど子どもが得意とすることで、関係作りを始めた方がいいでしょう。

次は、まわりを気にし、合わせようとする「過剰適応」ともいえるタイプです。行き過ぎると八方美人となり、子ども集団から信用されなくなります。最近は、過剰適応よりも、何となくまわりに合わせ行動する、付和雷同タイプが増えているようです。

最後は、自分の内面への関心が薄く、また気持ちの表現法が未学習というタイプです。見た目はおとなしいのですが、まわりが思ってもいないようなことをしたり、感情を爆発させたりすることがあります。自分の内面への関心が薄いためか、自分自身のことをよく知りません。そこで、自己紹介で、得意なことや不得意なことを話すことで、自分への興味をまずかきたてる必要があるようです。子どもが意見を言わないからといって、強引に進めていくと、途中から不服従となるなど、思わぬ状態になることがあります。

第2章

視点を変えさせることば

①いたいのいたいのとんでいけ

②トントンね

③お外行くよ！

④おうたしよう

⑤仕方がないね

⑥〜かもしれない

⑦約束する

混乱しやすく、思い込みが強い子

一度混乱したり思い込んでしまうと、混乱を沈めたり、思い込みを変えられない子がいます。

脳は、次々に入ってくる新しい情報を処理しています。処理をしながら、変化に対応して自分にとってもっとも有利な対応法を選択しているはずです。もちろん宗教的な戒律や、文化的な価値観が強固な国や地域があります。そういう環境では、勝手な個人判断は難しくなります。戒律や習慣など、決められたことに従わせようという強制力が働くからです。

混乱しやすい子のひとつのタイプは、情報量も含め情報処理への対応が苦手なことです。こういう子は、必要な情報を選べず、情報を一度にインプットしてしまうのか、混乱してしまいます。たとえば、たくさんの人がいる体育館や駅など、ざわざわしている場所では落ち着かなくなる子がいます。不必要な雑音や映像が入りすぎて、脳が混乱してしまうと考えられています。こういう子の場合には、情報の交通整理、つまりは不要な刺激を減らす対応が有効となります。このほかにも、刺激への不慣れ、体調不良などが混乱を生む要素になります。

思い込みが強いことは、記憶力がよいともいえます。ただ、思い込みが強い子のなかには、「記憶の囚人」とでもいいたくなるタイプがいます。自分で過去に体験したこと、自分で考え出したやり方などを、かたくななまでに繰り返そうとします。たとえば、ブロックなどで、繰り返し同じものを組み立てたりします。何かをやるときに、いつも同じ手順を取ったりします。こういう場合は、繰り返しができないように、ブロックを隠す、同一手順でできないよう環境を変えてみてもいいでしょう。そうやって、囚人状態の頭をやわらかくしたいものです。このほかにも、この章でご紹介するような子どもの姿や、それに対応した『切りかえことば』があります。

気持ちの切りかえ

2、3か月くらいから、知らない人が抱いたりすると、泣きだす赤ちゃんがいます。しかし、これは8か月前後からはっきりとしだす、激しく泣く「人見知り」ほど、いつも決まってというわけではないようです。ただ泣き出したあとに、お母さんが抱くとぴたっと泣き止む姿は同じです。本物の「人見知り」の、前触れともいえる現象です。

眠いのに眠れなくてぐずるのは別として、赤ちゃんは不安や食欲が解消されると、気持ちをすぐに切りかえられます。安心できる人に抱かれ、あるいはミルクが与えられると、大泣きがウソのように静かになります。かまって欲しいときも同じです。寝かされて泣いている赤ちゃんを抱き起こすと、すぐにニコニコしたりします。

このような要求が叶うとすぐに泣き叫びが消える姿は、もう赤ちゃんではないのに、落ち着かない子や、ことばの発達が遅い子にも見られます。また、人との関係が薄い子でも同様です。

ケロリとできた赤ちゃんですが、大きくなるにつれ、要求が叶っても、すぐには自分の感情を切りかえられなくなる時期がやってきます。このことには、ことばの発達や、自分でやりたい気持ちの成長が影響しているのかもしれません。また記憶できるようにもなり、ケロリと忘れられなくなるのでしょう。

3か月ごろから赤ちゃんは、自分の口に自分の手指を入れなめだします。この姿は、声を出すなど興奮したあとに見られることが多く、赤ちゃんは自分で気持ちをクールダウンさせているのではないかと考える人もいます。興奮したままでは、疲れてしまいます。そこで、手指をなめて自分自身を落ち着かせるわけです。このことは、子どもが気持ちを切りかえるためには、何か新しい刺激が必要なことを表しているのかもしれません。

場面の切りかえ

子どものなかには、新しいことをおもしろがり、何でもやりたがる子がいます。こういう子どもは、何かをやっているときに違う活動に誘われても、すぐに頭を切りかえられます。順応性が高いともいえます。

その一方で、なかなか切りかえがきかない子どもがいます。今やっていることをやめられず、誘われても拒否します。こういう子ですが、順応性が低いというよりも、ひとつのことに集中、持続できる子どもともいえます。長じて大人になれば、ものづくりなどで才能を発揮するかもしれません。

人間には多様性があり、文化、文明を発展させ、高度な社会を生み出したといわれます。子どもを、少ない大人の目だけで評価してしまうことは、人間の多様性を認めないことにもつながってしまうと思います。

1

いたいのいたいのとんでいけ

触る刺激で気分転換

1歳～

触ることで、気分転換します。「とんでいけ」と言いながら、目線を遠くにすることも、子どもの気持ちの切りかえに役立っていることでしょう。

いたいのいたいのとんでいけ

ゴン
が〜ん
どれどれ
大丈夫？
ここが
痛いのね？
いたいのいたいの
とんでいけー！
!?
とんでいった？
いった！
あ！飛行機に
ぶつかっ
ちゃうかな
新しい
刺激で気を
そらせるのは
有効です

応用として、理由のわからない不機嫌も
きらい
いや！
おわり
いやなのいやなの
とんでいけー
あー
あー飛んでる
え？どこ
ビュ〜って
あの木の
上のところ
触れられる安心感や
信頼感で気持ちが
転換できることも

触覚は、危険か安全かを判断するセンサー

触覚は不思議な感覚です。たとえば、ほかの人に体を触られると、触られた感じを強く意識します。ところが、同じ強さで自分の体を触ってもほかの人ほどには感じません。同じ強さで触られても、親しい人には安心感が生まれたりします。ところが緊張する相手だと、不安を覚えたり、いやな気持ちになったりします。

気持ちの内容は、時間や場所も関係します。忙しいときに、人がいっぱいいるようなところで触られると、親しい相手であってもうっとうしくなったりします。同じように触られながら、人や条件によって、気持ちが変化します。

「耳に残る」「目に焼きつく」といいます。触覚でも、不愉快な体験は記憶することがあります。ただ記憶している数はどうでしょうか。聴覚や視覚の記憶数よりも、圧倒的に少ないのではないでしょうか。その理由として、触覚はすぐに忘れてしまう傾向があるからでしょう。たとえば、熱いものを触ったときやトゲのあるものに触ったときに、じっとしていては危険です。危ないものから、さっと離れる必要があります。ただ、次に触った物が安全とは限りません。次も危害を受けるような物であったならば、それをすぐに感じ、離れる必要があります。前に受けた刺激にとらわれている暇はないといえます。だから忘れてしまえるよう

になっているのでしょう。

触覚は、危険か安全かをいつも判断しているセンサーのような働きをしています。脳に直結していて、すぐに反応できるようになっています。子どもは、空腹やのどの渇きだけでなく、ひとりにされて怖い思いをしたときに泣くことがあります。転んだり、何かにぶつけたりして痛い思いをしたときもそうです。そのときに「いたいのいたいのとんでいけ」と言いながら、痛い場所をこすってあげます。子どもにとっては危険信号でもある痛さ。その痛さを、新しい触覚刺激を与えることで薄れさせ、忘れさせます。

相手によって、同じ刺激を受けても感じ方が違うのが触覚です。こすって、自分の痛みを和らげようとしてくれる大人に対しては、触られるたびに安心感、信頼感を強めてもいくことでしょう。それを繰り返すうちに、「いたいのいたいのとんでいけ」と言ってくれる大人がいるだけで、痛さをがまんし、気持ちを切りかえて新しい活動に向かえるようになります。

そうしていつの間にか、大人が「いたいのいたいのとんでいけ」と言わなくても大丈夫になるでしょう。痛みに対し自分で対処できるようになったときから、子どもはひとりで生きることを始めるのでしょう。それまでは子どもに、気持ちの切りかえを教える必要があります。

2

トントンね

リズムで安心する

1歳6か月～

ことばではなく動作ですが、『切りかえことば』と同様に、トントンというリズムが気持ちを切りかえてくれます。

トントンね

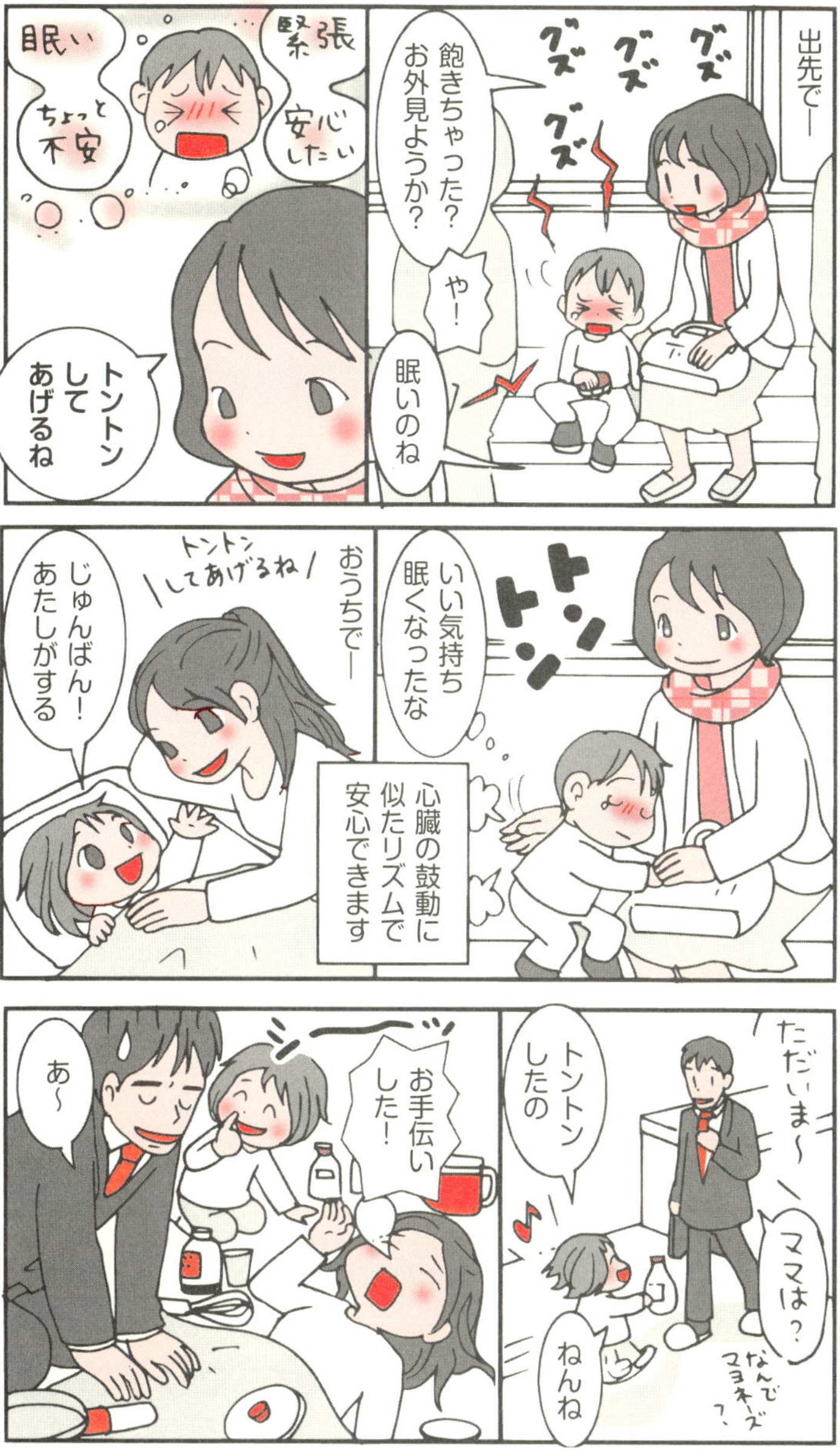
出先で—
グズ グズ グズ グズ
飽きちゃった? お外見ようか?
や!
眠いのね
眠い
緊張
ちょっと不安
安心したい
トントンしてあげるね
トントン
いい気持ち 眠くなったたな
心臓の鼓動に似たリズムで安心できます
おうちで—
トントンしてあげるね!
じゅんばん! あたしがする
ただいま〜
ママは?
なんでマヨネーズ?
トントンしたの
ねんね
シーーッ
お手伝いした!
あ〜

トントンのリズム

おじいちゃんやおばあちゃんは、小さな孫からトントンと肩たたきをしてもらうと、気持ちよさそうな表情を浮かべます。幼児期や、小学校も低学年ならば、子どもの力は弱いので、実際には肩たたきの効果はないのかもしれませんが心地よさそうです。

子どもを寝かせるときに、体をトントンとリズミカルにたたきます。初めは少々強く、そしてテンポは早めが多いようです。子どもが眠そうにしだすと、強さを弱め、またテンポは遅くなり、子どもの眠りとともに手を休めます。ただトントンをやめると、すぐに目を覚ます子がいます。強弱をつけ、緩急に気を配りながらのトントンを、何度も繰り返さないと眠れない子もいます。

眠くなると、途端にぐずりだす子がいます。不機嫌のあまり泣き出したり、憎まれ口をたたいたりします。眠る行為は、ある面からいえば無防備で危険な状態になることです。子どもといっしょにいるうちに、大人は「眠いからぐずっているな」とわかってきます。子どもは眠る前にぐずることで、「眠りたい、だからわたしを守ってちょうだい」という信号をまわりに発しているのかもしれません。

新しい場所ではよく眠れなかったり、旅行などで枕が変わったりすると熟睡できない大人もいます。旅先で眠りにつくことは、子どもにも不安をもたらす場合があるでしょう。旅行中などでいつもよりも眠りぐずが激しくなる場合には、いつもよりも丁寧にトントンしてあげるといいでしょう。

大人と同じで、場面によって緊張が高まり、不機嫌状態になる子がいます。そういう場合には、背中や足をトントンしてあげると気持ちが切りかわりやすくなります。トントンのリズムは、心臓の鼓動とシンクロし、心身の不協和を調整させ、それで気持ちが落ち着くのかもしれません。

なお、トントンは動作ですが、『切りかえことば』に共通する働きを持つので取り上げました。

3

お外行くよ！

多様な刺激で気をそらす

2歳〜

子どもにとって「外」にはいろいろな刺激がいっぱいです。これらの多様な刺激が気持ちを一気に切りかえてくれます。

お外行くよ！

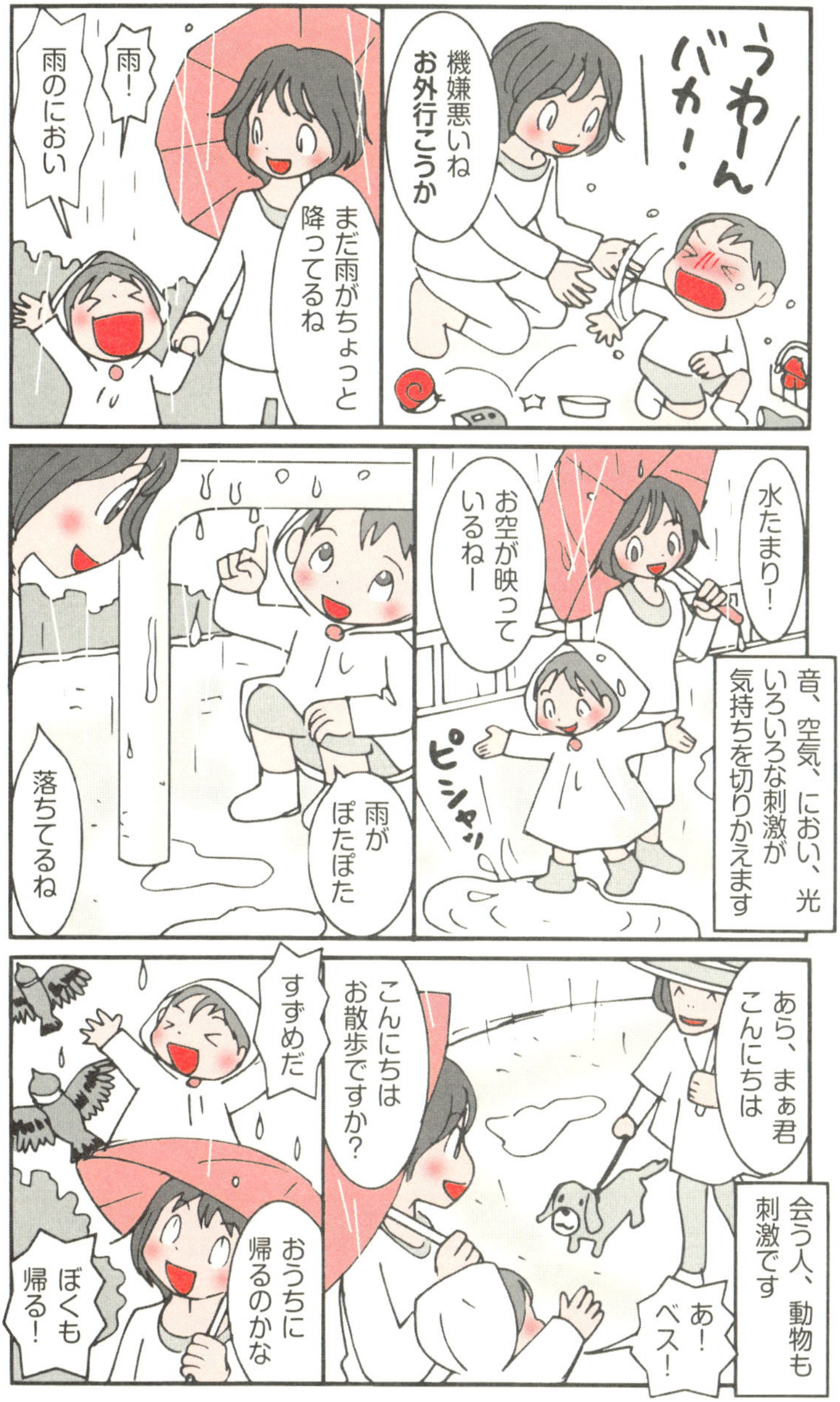
うわーん
バカ！
機嫌悪いね
お外行こうか
雨！
雨のにおい
まだ雨がちょっと
降ってるね
水たまり！
お空が映って
いるねー
音、空気、におい、光
いろいろな刺激が
気持ちを切りかえます
ピシャッ
雨が
ぽたぽた
落ちてるね
あら、まぁ君
こんにちは
こんにちは
お散歩ですか？
会う人、動物も
刺激です
あ！
ベス！
すずめだ
おうちに
帰るのかな
ぼくも
帰る！

新しいことに満ちた「外」の世界

不機嫌な泣き声を上げる赤ちゃん、イライラした様子を見せる子ども、そういうときに「お外」に出て行くと、いっぺんに楽しそうな顔になったりします。「お外」の効果が持つ大きさを心から感じます。

子どもは、「外」に出ると体に風を受け、においを感じ取ります。音を聞きながら、目の前の情景から心が動く対象を探すのでしょう。子どもにとって、新しいことに満ちた「外」の世界。子どもは大人よりも敏感に、豊かに外界を全身で受け止めているのでしょう。

だから「外」の世界は、あたかもテレビのチャンネルを変えたときのように、子どもの心を切りかえさせる力を持つのでしょう。

「外」の世界には、さまざまな体験が待っています。子どもには、そのことへの期待と、その一方で不安も生まれることでしょう。人見知りだけでなく、初めての場所を極端に怖がる「場所見知り」の強い子がいます。あるいは公園などにある特定の遊具や、着ぐるみの人形を怖がる「物見知り」もあります。

これまで平気だった公園や遊び場に、突然恐怖を示すようになることもあります。こういうときには「だいじょうぶ、だいじょうぶ」と言いながら、慣れさせていきます。慣れながら、恐怖を克服できる自分に気づいてもらいたいものです。このようにして、お兄ちゃん、お姉ちゃんになるよう仕向けます。

「外」の世界には、同じような年頃の子どもたちとの出会いもあるでしょう。子ども同士とはいえ、人間関係のひとつです。見守り、ときには手を貸してあげながらも、子ども自身に自分流の関係の作り方を獲得していってもらいたいものです。

なお、機嫌がよくなるからと、車で外を走る習慣をつけると、子どもによってはこだわりになる場合があります。車に依存し過ぎないという用心が必要です。

4

おうたしよう

いっしょにすることで楽しくなる

2歳6か月～

気持ちを切りかえてくれること（行動）に、「いっしょ」があります。
いっしょにすることで子どもは楽しさを感じてくれることでしょう。

おうたしよう

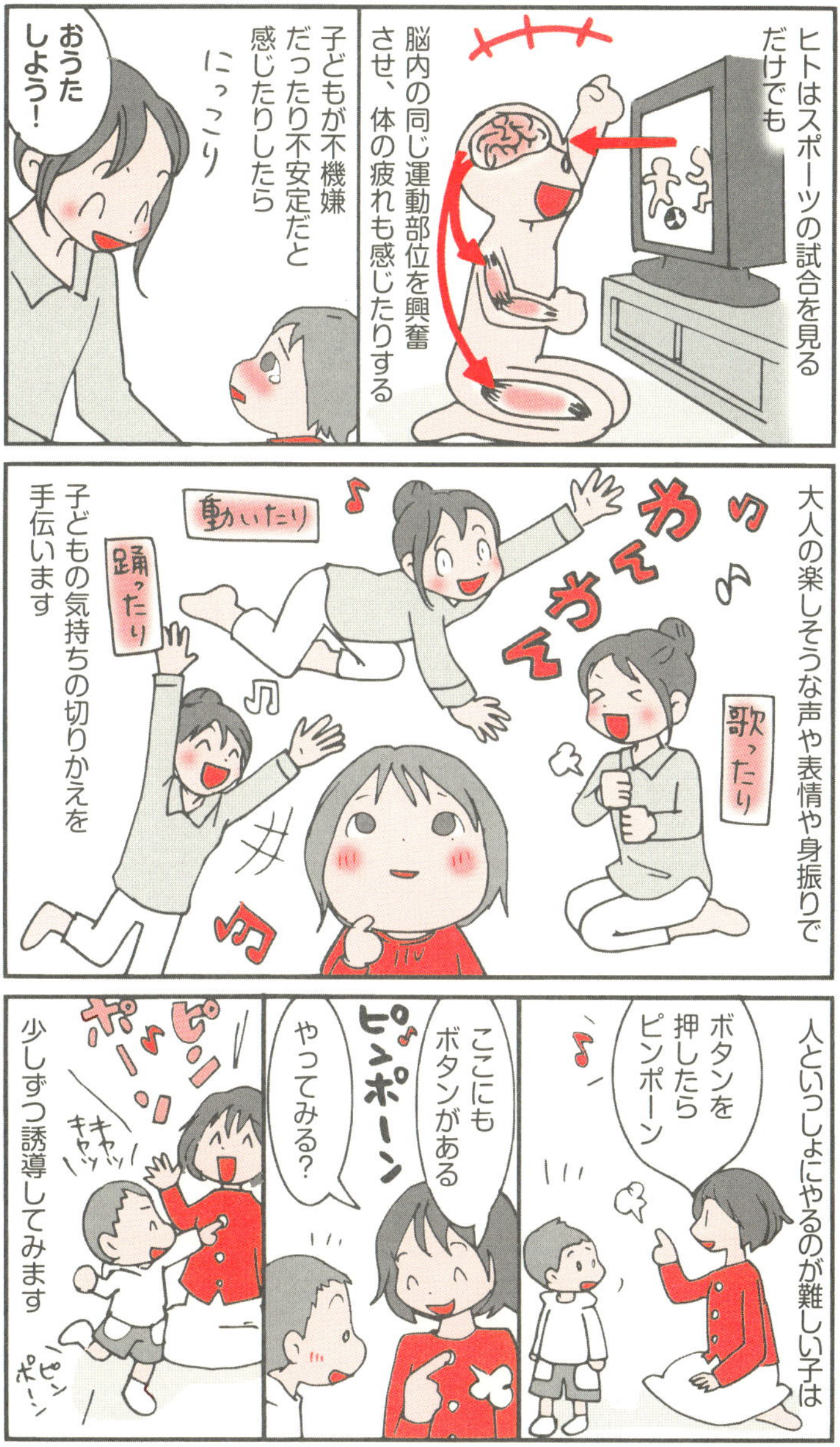
ヒトはスポーツの試合を見るだけでも
脳内の同じ運動部位を興奮させ、体の疲れも感じたりする
子どもが不機嫌だったり不安定だと感じたりしたら
にっこり
おうたしよう！
大人の楽しそうな声や表情や身振りで
歌ったり
動いたり
踊ったり
子どもの気持ちの切りかえを手伝います
人といっしょにやるのが難しい子は
ボタンを押したらピンポーン
ここにもボタンがある
ピンポーン
やってみる？
少しずつ誘導してみます
ピンポーン
キャッキャッ

だれかといっしょにする体験

サッカーやバレーボールの試合をテレビで観ただけなのに、翌日に体の疲れを感じることがあります。人は、サッカーやバレーボール選手の動きを見ながら、実は自分の脳内でも同じ運動部位を興奮させているそうです。まったく走っていなくても、サッカー観戦をすると、足を動かす脳神経は働きます。バレーボールでも同じです。「見よう見まね」といいますが、もともと人の脳は、ほかの人の動きなどに敏感に反応するようになっています。ですから、選手の動きに、ついつい感情移入しながら試合を観戦すると、疲れることがあっても不思議ではありません。なお、このような働きを持つ神経を「ミラーニューロン」といいます。

最近の研究では、ほかの人が注射をする映像を見ると、自分の脳の痛みを感じる部位も活性化することがわかりました。人間の脳は、他人の痛みを自分のこととして感じる働きを持っています。

喜怒哀楽の感情についても、ほかの相手からの影響を受ける、つまりは伝染しやすいことが証明されました。

不機嫌や不安定な気持ちを切りかえるのが苦手な子には、人の脳の特性を踏まえた対応を考えます。いっしょに子どもと動く、踊る、歌うなどで、切りかえを促します。もちろんこのときに、大人が不機嫌ではいけません。子どもの状態を見ながら、楽しそうな身振りや声音、顔の表情を意識し、安定した気持ちへと誘導したいものです。

　ただ、子どもによっては、だれかと「いっしょに」やることが、大人が思うように簡単にはいかないことがあります。「いっしょにやるのは楽しい。けれども実際には難しい」という場合です。こういう子に対しては、上手くできない動きやことばを手助けしたり、補ったりする必要があります。そうやりながら、だれかと何かをいっしょにする体験を増やしていきます。

5

仕方がないね

前向きな気持ちにする

3歳〜

自分で自分に「あきらめる」ことを教えてくれることばです。
あきらめることで、次を目指す、前向きな気持ちになります。

仕方がないね

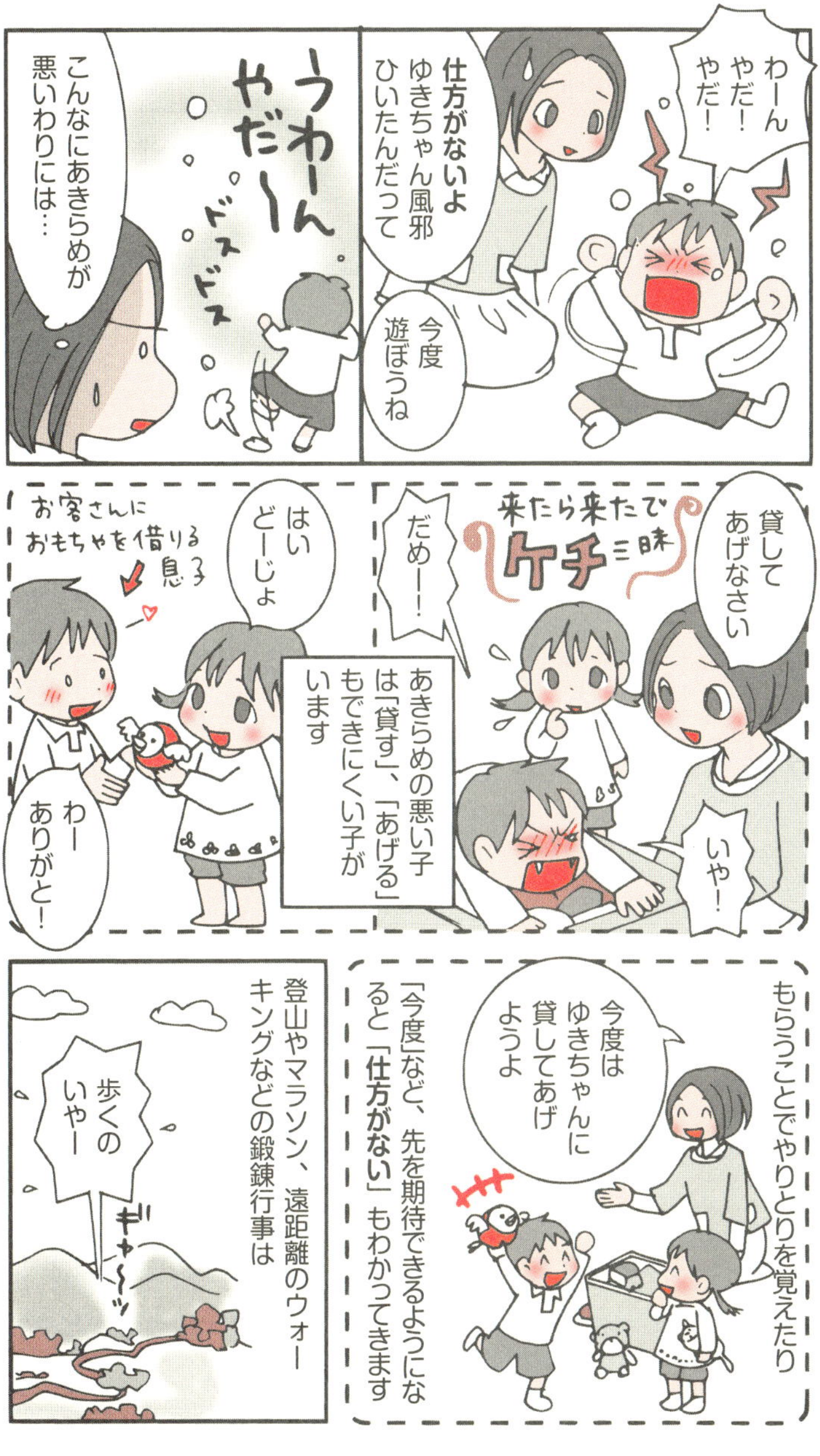
わーん
やだ!
やだ!
仕方がないよ
ゆきちゃん風邪
ひいたんだって
今度
遊ぼうね
うわーん
やだ〜
ドスドス
こんなにあきらめが
悪いわりには…
貸して
あげなさい
来たら来たで
ケチ三昧
だめーー!
いや!
あきらめの悪い子
は「貸す」、「あげる」
もできにくい子が
います
はい
どーじょ
お客さんに
おもちゃを借りる
息子
わー
ありがと!
もらうことでやりとりを覚えたり
今度は
ゆきちゃんに
貸してあげ
ようよ
「今度」など、先を期待できるようにな
ると「仕方がない」もわかってきます
登山やマラソン、遠距離のウォー
キングなどの鍛錬行事は
歩くの
いやー
ギャ〜ッ

仕方がないね

いや、やりたくないなど、自分の意思だけでは決められないとわかり
わーん
やだ！帰る歩かない！
もういや〜
がんばるよ上でお弁当食べようね
「仕方がない」こととして
受け入れられるように…
ヒック
ヒック
ママもそれどころじゃないのよ
今日おすしに行く予定だったけど
パパがお仕事で行けなくなっちゃった
うわ〜ん
楽しみにしていたことはすぐに切りかえられないのは当然…
今度ね
ヒック ヒック
頭の中がおすしの期待でいっぱいだったのに
おすし
わーい
一気に落胆するから
ドス
大好物のラーメン作ろうか？
仕方がないけどおすしは今度ね
う…
前向きに切りかえを誘います

「あげる―もらう」という社会的なやり取り

気持ちが切りかえられない子には、あきらめの悪い子がいます。あきらめられるようになった子どもの姿を見ながら大人は、「成長したな」と内心で感じます。一方で自己主張が強く、折れる（あきらめる）ことができない子には手を焼きつつ、どこかで幼さを感じます。

あきらめの悪い子ですが、ほかの子に物を貸せない、あげられない子がほとんどのようです。一見ケチのように見えますが、「あげる―もらう」体験が不足のまま、成長しているようにも思います。もともと子どもは人に分け与えるのはいやなようです。「はんぶんこ　いや！」という2歳の子の姿は、決して珍しくありません。

それが3歳前後には、「あげる―もらう」という社会的なやり取りができるようになってきます。やりとりのなかで、「あげる」ばかりではなく、「もらう」こともあることがわかってくるのでしょう。そればかりではなく、自分だけでは決められない「仕方がないこと」の存在にも気づきだします。あきらめの気持ちも働き、貸せるようになるのだと思います。

子どもはまた、大切な物が壊れる、なくすといった経験もするようになります。

そのことを覚えていられるようにもなります。喪失体験は、大人と同じように子どもにとっても悲しく切ないものでしょう。ただ、グズグズと引きずっていくわけにはいきません。子どもには、楽しいこと、学ぶべきことがいっぱい待ち受けています。そこで「残念」「仕方がない」という見方が生まれてきます。

あきらめではなく、未来への期待を感じさせる…

「仕方がない」ということばは、子どもの気持ちを切りかえてくれます。大人が「仕方がない」と言うときには、あきらめの気持ちが強いのかもしれません。ところが子どもの「仕方がない」には、未来への期待を感じさせる面があります。その証拠に、「仕方がない」と言いながら、「でも今度ね」「次にやろうね」といったことばがよく続くからです。

あきらめることによって、再チャレンジする、再出発しようという前向きな気持ちが生まれるのを感じます。あきらめられないと、同じ地点にとどまってしまい、新たに仕切り直しするのが難しくなるともいえます。

人と「あげる—もらう」の関係がつくれることは社会性の第一歩といえます。そして「仕方がない」と思えることは、前向きな気持ちを生み出す幕開けのような気がします。

自分の気持ちをコントロールする力

幼児期には、自分を抑制する力がつくとされます。赤ちゃんのときには大泣きしていた子どもが、年齢を重ねるごとに泣かなくなります。６歳前後になれば、哀しい映画を観ながら泣く大人を笑ったりします。笑いながら、自分は泣くまいと努力します。

子どもの姿を見ていると、泣くことは恥ずかしい、自分はもうお兄ちゃんお姉ちゃん、だから赤ちゃんみたいには泣かない、と思っているようです。赤ちゃんではないという思いが、抑制力の源になっているのでしょう。赤ちゃんのようにわがままは言わない、そのためには「あきらめられる力」も必要です。自分を抑制する力の成長には、「大きくなりたい（もう赤ちゃんではない）」「わがままはしない（あきらめる）」といった心の成熟が必要のようです。

6

～かもしれない

やわらかい見方をする

4歳～

現実の社会にはあいまいな面があり、ものごとを一面的にとらえてしまうと社会に適応できにくくなります。柔軟に考えるべきこともあることを知らせていきましょう。

〜かもしれない

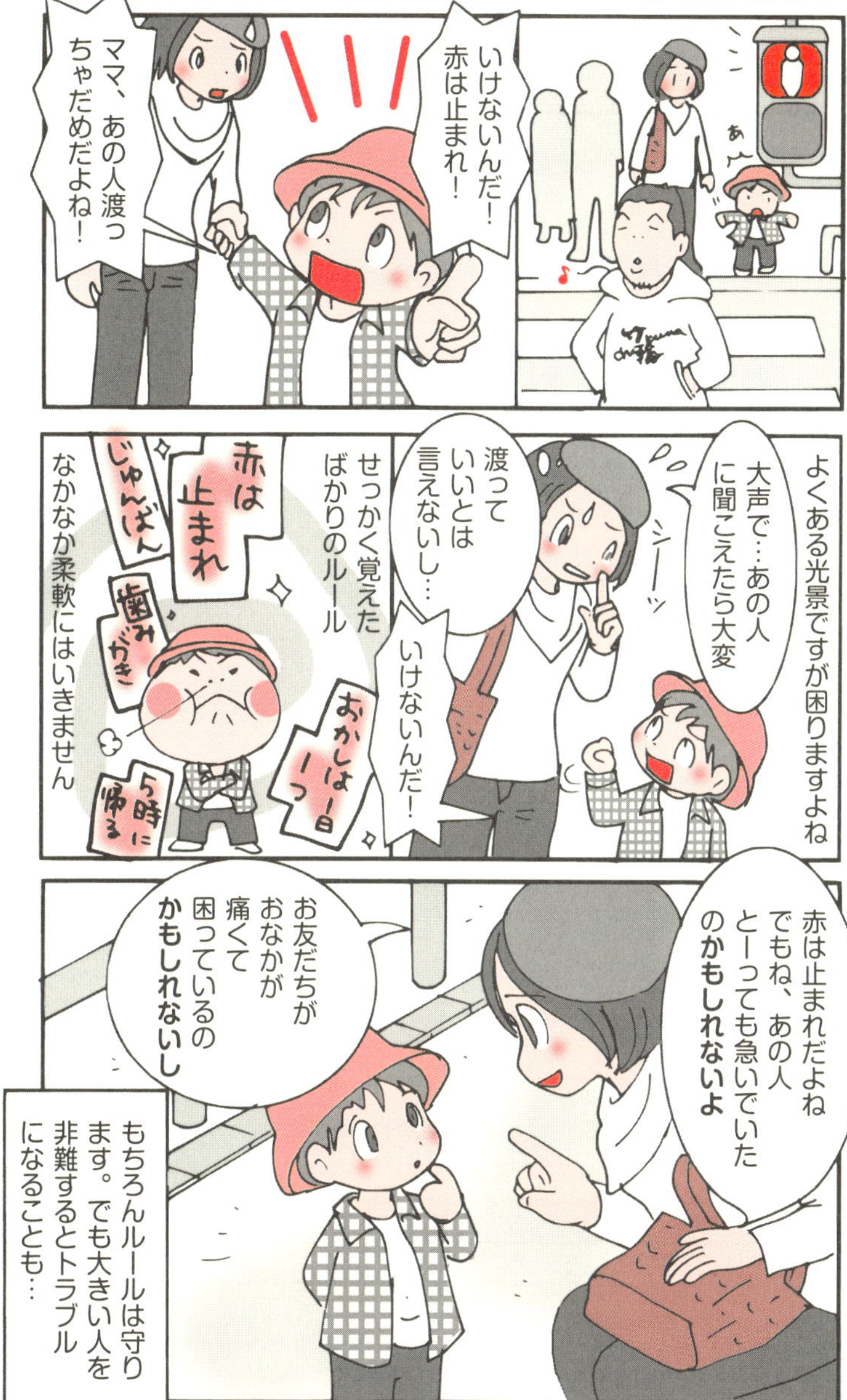
あ
いけないいんだ！赤は止まれ！
ママ、あの人渡っちゃだめだよね！
よくある光景ですが困りますよね
大声で…あの人に聞こえたら大変
シーッ
渡っていいとは言えないし…
いけないいんだ！
せっかく覚えたばかりのルール
赤は止まれ
じゅんばん
歯みがき
おかしは1日1つ
5時に帰る
なかなか柔軟にはいきません
赤は止まれだよね　でもね、あの人とーっても急いでいたのかもしれないよ
お友だちがおなかが痛くて困っているのかもしれないし
もちろんルールは守ります。でも大きい人を非難するとトラブルになることも…

〜かもしれない

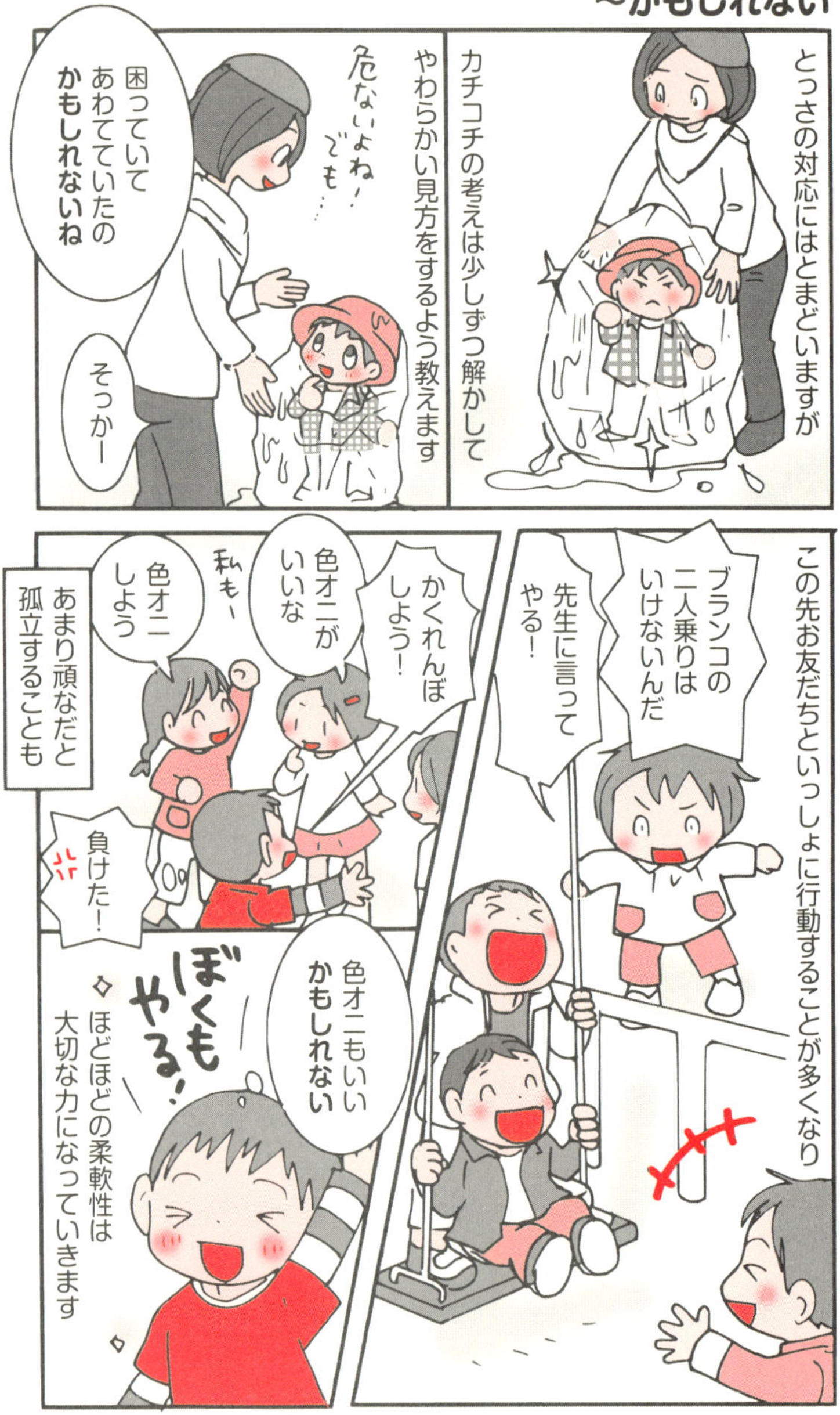

とっさの対応にはとまどいますが
カチコチの考えは少しずつ解かして
やわらかい見方をするよう教えます
危ないよね！でも…
困っていてあわてていたのかもしれないいね
そっかー
この先お友だちといっしょに行動することが多くなり
ブランコの二人乗りはいけないいんだ
先生に言ってやる！
かくれんぼしよう！
色オニがいいな
私も〜
色オニしよう
あまり頑なだと孤立することも
負けた！
色オニもいいかもしれない
ぼくもやる！
ほどほどの柔軟性は大切な力になっていきます

ルールを意識する

子どもが、「風邪を引かないように野菜を食べる」「大きくなるから牛乳を飲む」といった一般的な知識にしたがって行動するようになるのは、５、６歳からとされます。この段階になると、まわりから知識を集めようとしだします。あわせて、「赤信号＝渡ってはいけない」という交通ルールを意識しだし、守るようになります。これらのことはいいことですが、赤信号で渡っている、ルールを守らない人を見て非難しだすと、程度によっては問題となります。

自己中心的な「正義と道徳」

自分の考えが唯一の「正論」となり、まわりの意見を聞けない子がいます。自分の考え以外は受け付けず、このために話し合いが成立しません。なかには、自分の意見が通らないと「負けた」と思い、怒ったりするなど、情緒的な反応を示す子もいます。

正義や道徳はしばしば、自己中心的で相手の事情に対して、イマジネーションが不足しがちです。たとえば、赤信号にもかかわらず渡っている人は、大切な人が病気やケガをして、それで急いでいるのかもしれません。その人の心情を察すると、仕方がないと思えます。

子どもは、成長するにつれて、自分の見方を変え「脱中心化」が起こるとされます。また、相手の立場、事情に対する想像力が働くようになります。

ものごとを一面的にとらえてしまう子は、現実の社会にはあいまいな面があること、柔軟に考えるべきことがわかっていません。

自問自答する4歳児

もうすぐ4歳という女の子が、「どうしてなんだろう?」と自問自答しているのを聞き、驚いたことがあります。

子どもが、ほかの子や大人の意見をまねして言ったとき、「それは人の意見。自分の考えを言いなさい」とたしなめたりします。幼児期から小学校低学年くらいまでは、ある程度まねして話しても仕方がないでしょう。しかし、それ以降の年齢になれば、自分なりの考えを持つことがまわりの大人からは期待されます。

自問自答には、大人の話や一般的な知識などを、鵜呑みにせず考える姿勢があります。やわらかい発想がそこにはあります。自問自答の結果、自分なりの考え方や意見を生み出していくことでしょう。

なによりも自分なりの考えを持つ、そのことが4歳という、思いもよらない早い時期から始まることに驚きました。逆にいえば、自分のオリジナルな考えを作り上げるのには、相応の体験も含め長い長い年月がかかるといえます。

固い発想にとらわれると孤立する

自分の考えを変えられない子には、「〜ではなく、○○かもしれないね」と言い、絶対視しないことを教えていきます。幼児期から、気をつけていきましょう。

知識や道徳、あるいは人の考えをトレースして話す子には、「よく考えてごらん」と再考を促し、あるいは「本当にそれでいいのかな？」と質問をしてみましょう。そのことで考え直しを促します。そうしないと、自分の固い発想にとらわれてしまい、結果的にまわりから孤立していく可能性があります。

ものごとへのやわらかい見方は、転変万般におよぶ世界では、必要な力といえます。

7

約束する

決まりをつくる

5歳〜

日々の生活の中で、「約束ごとがあり、それが実行される」ことは、子どもに安心感をもたらしてくれます。

約束する

約束を守るのは人との信頼関係を結ぶ第一歩
ゆびきりね
うん!
でも守れなかったから
わーん
じゃあ今日はゲームなし!
約束守らなかったからでしょ!
罰を与えたり
頭にきて無理な約束をさせたり
ひとりで全部お片づけする約束したら行ってあげる
う…
みんながごちそうさましたら席を立ってもいいって約束でしょ?
やだ!
じゃデザートはなしよ!
ゼリー食べるーやだー
やだーー
ゼリー食べる!
うるさい!泣かせるな
かわいそうだねぇ…
じゃ今日はデザート食べていいよ
途中で約束を甘くするのは
NG

約束する

約束を守れないのは約束のレベルが高い場合もあります
ぬいだ靴下は洗濯ネットに入れて
外で遊ぶ前に片づけして！
約束は大人が楽するためやしかるためにあるのではなく
何で守れないの！だめでしょ！
ななちゃんのママにごあいさつできたんだ！約束守れてえらかった！
この前遊びに来たときにあいさつもおちづけもちゃんとしてくれたのよ！
約束を守ることができた誇らしさや自信をもつため
お呼ばれして遊んだときにお片づけもできたんだってね？約束守れたね！
約束でがまんする力
誇らしさや自信
などの多くのプラスの感情をもてるように！
あ！ごはん前におかし食べてる！
もちろん大人も約束は守らないと
信頼関係は築けません
ずる

気持ちの切りかえ、３つのアプローチ

気持ちの切りかえへのアプローチは、いくつかに分類できます。

①気分転換

ひとつは、新しい感覚刺激を入れるなど、直接的に「気分転換」を促すものです。

②コントロール力のアップ

次に、がまんする力をつけるなど、子ども自身の「コントロール力アップ」を目ざすアプローチです。

③社会化を促す

そして最後に、まわりに合わせて、適切に表現できるようになること、「社会化」です。繰り返しの体験を通し、子どもはまわりが求める表現を学んでいきます。これは「社会化」のアプローチということができます。

社会化のアプローチでは、報酬や社会的な承認を与えながら、子どもに望ましい行動を教えていきます。逆に不適切な行動をすれば注意を受け、ときには罰が与えられます。

重要なのは契約し、実行すること

社会化のアプローチで重要なのは、「契約」という形式です。その場その場の大人の気分や勢いで、子どもの言動の良し悪しを判断したりしません。契約ですから、あらかじめ決めておいた約束にのっとってものごとは実行されます。

たとえば「食事のあと、食器の後片づけが終わったらテレビを観ていい」もひとつの例です。「午前中に3回泣いたら、(行きたい)公園には行かない」といった約束もあるでしょう。こういった取り決めや約束は、5歳過ぎになるとわかりだします。

このときに重要なのは、子どもと交わした約束が守られることです。感情や都合などに影響を受けず、実行します。

日々の暮らしは、その場、その場のことが多く、予定の変更も当たり前です。ただスケジュールの突然の変更や未定は、しばしば子どもを不安にするとされます。先の見通しが立たないことから起こる不安に対しても、対処法を身につけていきます。とはいえ、あまりイレギュラーなことばかりでは気持ちが安定しません。

日々には、決まったスケジュールがあり、生活のなかにも守るべき約束事がある、それらが守られ実行されていく、このことは間違いなく子どもに安心感をもたらしてくれます。

子どもはひ弱な自分を意識しています。約束事によって、ひ弱な自分が守られていることも理解します。

コラム

4 歳は外交官のはじまり

「4 歳は外交官のはじまり」ということばがあるそうです。筆者は、「男の子はどうかな？　外交官まではいかないかな？」と思います。男の子は、女の子と比較すれば、未熟な子が多いようです。それにひきかえ女の子は、外交官さながらに、内面での駆け引きができるようになってきます。父親を上手に操作したり、「嫌いだから」と頑として受け入れなかったりする子もいます。国家同士の関係に似たところがあります。

さて、喜怒哀楽の感情ですが、2 歳代からはっきりしだすとされます。感情の分化にともない、「うれしい、楽しい、さみしい」ということばが 3 歳前後から聞かれるようになります。「いやなの？」「怒っている？」「悲しいの？」という相手の気持ちへの問い合わせが、3 歳半ば以降から女の子では聞かれるようになってきます。このころから、気持ちのことばを使い、相手の内面を確認したり、推測したりする能力が急速に高まります。こういう能力が育つことによって、小さな外交官ができあがっていくのでしょう。

ただ、人の気持ちは見えません。自分の内面で動き、ときには強く自分を突き上げるようなパワー。感情は制御不能となることさえあります。さまざまな感情に名前を与え、ある程度客観的に認識しないと自己コントロールはできないのでしょう。感情は、液体のようにいつも揺れ動いているのが健康な感情の状態といわれます。いくつもの感情がいつも複合的に同居しているのが当たり前で、悲哀や絶望といった気持ちに独占支配された状態は病的といえます。

第3章

理解を高めることば

- ①はんぶんこ
- ②楽しい
- ③順番
- ④○番目にやって
- ⑤わからない
- ⑥教えて
- ⑦じゃんけん
- ⑧多数決
- ⑨バチがあたる

大人と子どもではものごとの優先順位が違う

　子育てのなかで、子どもに「早く○○しなさい」と言わない日は、きっとないことでしょう。たとえば、「お風呂に入りなさい」「歯磨きをしなさい」と大人に言われて、すぐに言うことを聞く子は少ないと思います。大人には自分なりの、一日のタイムスケジュールがあります。子どもといっしょにいると、次々にやるべきことが頭に浮かんできます。それを子どもに言います。

　ところが、もともと子どものなかには、仕事をこなしていくようなタイムスケジュールはありません。その場その場で、自分の興味のあること、好きなことに熱中していきます。大人は一日のスケジュールを仕事と同じにこなすこと、それに対して子どもは自分の思うままに遊ぶことの方が重要です。子どもにとっては、風呂や歯磨きよりもおもちゃやテレビの方が大切といえます。

　大人は自分で思っていること、言っていることが正しいと考えがちです。だから子どもが言うことを聞かないと、つい怒ったりします。怒るのは、子どものために言っているのにという心理が働くからでしょう。ただ、はっきりしているのは、大人と子どもでは、ものごとについての優先順位が違うことです。

　子どもは毎日のことなのに、大人から言われると迷惑とでも言いたげな、いやそうな声と態度で反応したりします。その態度は、大人にとっては優先順位が高い事柄が、子どものそれとは違い、無理やりに押しつけられているという気持ちから起こっているのでしょう。子どもには、大人の優先順位を明確に示して話した方がいいと思います。（なお優先順位の表現内容ですが、子どもがわかるように伝えなくてはいけません。それについては後で述べます）

やるべきことへの認識

優先順位への誤解もそうですが、大人と子どもでは自分でやるべきことへの認識も違うようです。たとえば、大人の仕事では、多くの場合〈準備→本仕事→後片づけ〉がワンセットになっています。本仕事だけで、準備をしない、後片づけはしないというのは、料理の名人などではありうるのかもしれませんが、たいてい大人の仕事のなかには準備も片づけも含まれます。

ところが子どもの思考では、準備や後片づけへの意識は薄く、仕事=本仕事のみに気持ちが向きがちです。子どもの特性はそういうものだと認め、準備や後片づけは、子どもにその大切さを伝えながら、いっしょにやっていくという配慮も必要です。そうやっていくうちに、自分で段取りや仕事の手順が立てられるようになっていきます。

なお、家庭科の授業で料理などを教わるのは小学校の高学年からです。レシピを見ながら手順を追って、自分でできるようになるのは、それくらいの年齢からとされています。準備や後片づけも含めた、大人のような作業への認識ができるのも、同じくらいの年齢からと考えた方がいいでしょう。

なお、取り組みなどの始まりや終わりといった、区切りそのものへの考え方が、大人と子どもでは違うこともあります。始まりは、大人と子どもでは比較的共有しやすいのですが、終わりへの意識はめいめいになることがあります。大人はまだ食事は終わっていないと思っていても、子どもはテーブルで遊んでいることがあります。そのことで、大人からしかられたりします。「ぴかぴかになった。おしまい」や「ごちそうさま」ということで、終わりを明確にする、区切りをはっきりさせる必要があります。

優先順位ややるべきことの内容、始まりと終わりへの認識など、さまざまな違いが子どもにはあります。子どもとは、心理的にみて違うという認識が、大人には必要のように思います。

学びたい子ども

幼児や小学校の半ばくらいまで、子どもたちは学ぶことに熱心です。たとえばサッカーや折り紙など、大人から教わると「○○先生が教えてくれた」と家で報告したりします。学ぶのが素直に楽しく、おもしろい時期なのだなと感じます。

こういう時期だからこそ、準備や後片づけに気持ちが向かないのかもしれません。メインのおもしろそうなことに心が弾み、ほかには気持ちが向きません。好きなことに向かう心が強いから、学ぶ力も、学ぶことも多いのでしょう。

こういう子どもも小学校高学年になると、学ぶことだけでなく教える大人の力量を批判的にみるようにもなります。こういう時期になると、「教え方が下手」などと大人を批評したりもします。

1

はんぶんこ

集団に入るための大切なルール

2歳6か月～

「はんぶんこ」することによって、自制心とともに他者への意識を生みだし、集団に入るために必要な、大切なルールを学習していきます。

はんぶんこ

ケンカしないの！
お兄ちゃんとはんぶんこできないならパパとしてね
…
ナナのケチ！
はんぶんこできないよケチだから
これ！
はい
メロンパン
いやだけど分けるそんな子どもの葛藤を理解し、できたらほめてあげるように
シー
パパにはあげてずるー!!
あら！はんぶんこできてえらいわねー！！
ずるい
はんぶんこできるのはえらいのよ！お兄ちゃんもナナとはんぶんこしてね
がんばって「いいよ」って言ったんだよなパパもおせんべいはんぶんあげるよ
ママもヘソクリはんぶんこして
…
プイ
ママヘソクリないから無理！

自分の欲求をコントロールする力

子どもが「はんぶんこしなさい」、と言われたときに、内心では不承不承のようですが、ほかの子と「はんぶんこ」できるようになります。だいたい2歳代からできるようになりだします。

たとえば、兄弟姉妹のケンカです。食べ物の取り合いも多いのですが、「はんぶんこしなさい」と親から言われると、残念そうにお菓子を分け合う姿が見られるようになります。この心理はとても大切です。もしも「はんぶんこ」ができなければ、自分の欲求を抑えられず、肉体的な戦いになる可能性もあります。大人が強制的に分けさせても、相手への恨みを残すかもしれません。

食べ物を「はんぶんこ」に分け合うことで、平和に争いが収まります。このように、自分の欲求を抑え込むシステムを、子どもは年齢とともにより高度な内容のものになりますが、獲得していきます。

逆にいえば、ほかの子どもと取り合いなどで争いが絶えない子どもは、自分の欲求をコントロールする方法を知りません。

子どもは非力で、自分で食べ物を獲得することはできません。大人や兄弟姉妹から、分け与えてもらう必要があります。「はんぶんこ」によって、自制心ととももに他者への意識を生みだし、集団に入るために必要な、大切なルールを学習させるのかもしれません。

相手に分け与える行為は、子どもにとっては、「もう赤ちゃんではない」という自分への誇りも感じさせることでしょう。ですから、大きくなると、食べ物を「はんぶんこ」にするときには、自分で切り分けようとします。そして、切り分けた物を自分で相手に与えようとします。自分が主人公であることを、相手に印象づけようとしているかのようです。

人に物を分け与える行為は、「人との関係を生みだし、強化」します。それは大人でも同じです。そのことを2歳のころから、子どもは学び始めます。

2

楽しい

気持ちを明るくしてくれるプラスの感情

2歳6か月〜

まわりの人との関わりのなかで学習していく、「楽しい」「うれしい」「悲しい」「怖い」といった自分の気持ち。自分の心のなかにある気持ちに気づき、それをどう言えばいいかを学んでいきます。

楽しい

グズ
グズ
だっこー
もう少しだから
がんばって歩こう
疲れたのっ
疲れたねー
でも遊園地
楽しかったね
大きい観覧車
乗ったもんね
見えた？
パパが下で
手ふってた
パパは
コーヒーカップが
楽しかったな
いっぱい
回った！
目が回っ
たでしょ
楽しかったー
そうか！
コーヒーカップ
好きか！
回ったよ
パパも
目回った？
また
回ろうね
あははは…
また行こうね
でしょ？

感情の分化は、1歳代から…

赤ちゃんのころから子どもは、「快—不快」を感じます。その快の感じが、うれしいや楽しいなどの気持ちになっていくとされます。不快な感じは「いや」「悲しい」「怒り」といった感情になっていきます。感情の分化は、1歳代から起こりますが、自分の気持ちを表現しだすのは2歳代からとなります。

「楽しい」「うれしい」「悲しい」「怖い」といった感情は、見たり触ったりできません。抽象的なことばです。子どもがどうやって自分の感情に気づき、表現できるようになるのか、その道筋はわかっていません。ただ、まわりの人との関わりのなかで学習していくのだろうとされています。

たとえば、すべり台で楽しそうに遊ぶ子どもの姿を見ながら、大人は「楽しいね」と声をかけます。このことによって、自分の心のなかにある気持ちに気づき、それをどう言えばいいかを学んでいきます。自分の気持ちの表現法を知るためには、まわりに表現法を教えてくれる人の存在が必要です。ことばの学習には、「応答的環境」といいますが、子どもに反応し、教えてくれる人が必要不可欠なのです。

人の感情には、大きく分ければプラス、マイナスのふたつがあります。自分に反応し教えてくれる存在が、いつも「だめね」「ばかみたい」などというようにマイナスの声かけばかりをしていれば、子どもはマイナスのことばを学ぶ可能性がありま す。「楽しいね」「うれしそう」「おもしろいよね」といったプラスのことばをかけた方が、子どもの気持ちは明るくなると思われます。

子どもは絵本や読み物、テレビや映画が大好きです。同じ話を何度も聞いたり、見たりしている姿を見ると、子どもはストーリーだけに関心を持っているのではないと感じます。物語のなかには、たくさんの気持ちが表現されています。子どもは、学ぶのが難しい感情の内容や表現の仕方に関心があるのかもしれません。

3

順番

欲求をコントロールする

3歳～

「順番」がわかり、守れることで、自分の欲求に対してコントロールする力を身につけていきます。その役割は、「はんぶんこ」と同じともいえます。

順番

いけないんだー
ぎゃー
どうしたの？
や〜〜
だめでしょ
並んでいるの！
ごめんね
わ〜
ブランコ乗りたかったのね
落ち着かせてから…
うん
すぐにルールがわかったり、がまんするのは無理と理解したうえで…
乗りたいなら順番なの、見て！ 乗りたい子がたくさんいるから並んでいるのよ
やだ！
じゃあ別ので遊ぼう
いや！
いや！

順番

ママもいっしょに順番しよっか?
辛抱強く教えたり
うん
えらい! 順番できるんだ!
うん!
順番!
意欲をオーバーなくらいほめます
ああやって足でびゅーんってこぐんだね
やり方を見たり待てる工夫をします
うん!
足をまえーうしろーってするんだよ
まえー
うしろー
どうぞ
ありがとう
よかったね順番待ったらブランコできたね
やった! 順番来た
順番を待ったから乗れたことを伝えます

順番の理解は、相手をよく見ることから

すべり台で早く遊びたい、でもほかの子どもたちもいるという場面で、子どもは「順番に」滑べることを大人やほかの子どもから教わります。「順番」がわかり、守れることで、自分の欲求に対してコントロールする力を身につけていきます。その役割は、「はんぶんこ」と同じともいえます。

「順番」を意識しだすのは3歳代からです。順番がわかると、好きなおもちゃをほかの子と順番に遊ぶことができるようになります。子どもは待ちながら、ほかの子の遊ぶ姿を見ています。「観察学習」ともいいますが、観察することで自分とは違う遊び方、発想への新しいヒントなどを得ます。

子どもが、好きな子を意識しだすのは「順番」の理解と同じころです。子どもは、自分と同じ遊びが好きな子の姿をよく見ます。よく見るので、その子への関心も、知識も増えていくのでしょう。その結果、その子を強く意識するようになり、「○○ちゃんが好き」ということばが聞かれるようになったりします。

好きになる背景には、「同じ遊びが好き」→「いっしょに遊ぶ」→「その子について知っていることが増えていく」…。その結果、特定の子が好きになるというプロセスをたどるようです。

逆にいえば、遊びを共有できず、関心も持てない子には好きな感情は生まれず、無関心の状態が続きます。子ども同士を仲良くするためには、相手のことをよく見る、そういう時間を作ってあげる必要がありそうです。

待つことは、楽しみの助走、前奏曲

「順番」への意識が形作られだすと、子どもは列を作れるようになります。ただ初めのころは、一直線に並ぶ、人との距離を一定に保とうという意識はありません。列は、ぐちゃぐちゃになりがちで、ほかの子との距離もばらばらです。それが6歳くらいになると、大人から教わった成果が見られだし、列の形やほかの子との距離の取り方がうまくなります。また、たとえば、跳び箱をする順番を待っているときに、子どもが跳ぶたびに、列を詰めていくことができるようになります。

テーマパークで何時間も列を作って待つ姿がテレビなどで放送されます。どうして何時間も待つのかと不思議になります。ただ待ちながら、アトラクションの楽しさを期待し、想像してもいるのでしょう。そうすれば、待つことも楽しみの助走、前奏曲の意味を持ちます。

「順番」は、ひとつのルールであり、取り決めです。成長するにつれて、「法律」など見えないけれども私たちを支配しているルールがわかるようになります。ただ言語能力が十分ではない幼児期では、法律のように見えないルールは難しすぎます。

なお、ルールに従えない子がいます。こういう子には、「順番」のように子どもが体験しながら理解を進められる機会が必要となります。

4

○番目にやって

優先順位を伝える

4歳〜

まだ順序数がわからない子には、「すぐに（いっしょに）やろう」と言って、大人も行動をともにすることで、子どもに優先順位を伝えるとよいでしょう。

○番目にやって

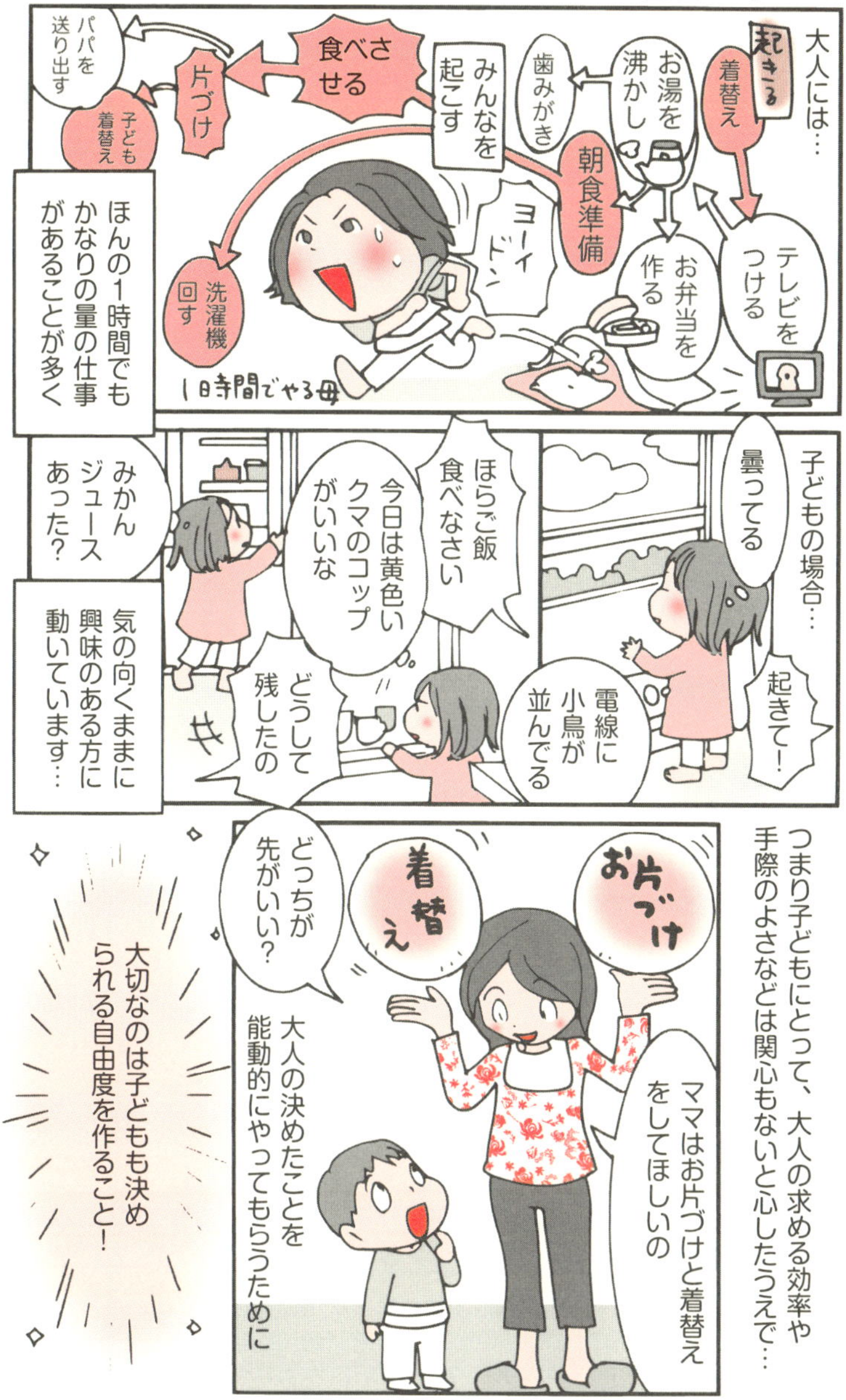

大人には…
起きる
着替え
お湯を沸かし
歯みがき
朝食準備
テレビをつける
お弁当を作る
みんなを起こす
食べさせる
片づけ
子ども着替え
パパを送り出す
洗濯機回す
ヨーイドン
1時間でやる母
ほんの1時間でもかなりの量の仕事があることが多く
子どもの場合…
曇ってる
起きて!
電線に小鳥が並んでる
ほらご飯食べなさい
今日は黄色いクマのコップがいいな
どうして残したの
みかんジュースあった?
気の向くままに興味のある方に動いています…
つまり子どもにとって、大人の求める効率や手際のよさなどは関心もないと心したうえで…
ママはお片づけと着替えをしてほしいの
お片づけ
着替え
どっちが先がいい?
大人の決めたことを能動的にやってもらうために
大切なのは子どもも決められる自由度を作ること!

○番目にやって

押しつけられていると感じさせないよう
あれしてこれして
手つだい
うがい
歯みがき
お片づけ
じぶんでやろうと思ったの!!
と思えるように大人は知恵を使います
片づけ
うがい
手つだ
歯みがき
言われたことを素直によくやる子どものなかにも
○○して△△して
ママの言うことを聞く私は負け…
ただ服従している気持ちの子どももいます
自分でできるようになっても
うれしくない
あたりまえ
では残念…
「できるようになる」「自分からできた」は
成長したね! えらいね!
ぼく大きくなったから!!
誇りを持てたりできた喜びを感じられたりすることを目標にします

大人と子どもの優先順位

大人と子どもの優先順位は違います。大人は、自分の優先順位しか見えなかったりします。またその優先順位には、生活のひとつひとつをスムーズにまわしていくという理由があります。だから、大人は子どもに「早く、早く」と指示しがちです。

その一方で、子どもには子どもの優先順位があります。後片づけよりも、お風呂よりもテレビを見たいし、遊びを続けたい気持ちが勝ります。そのために、大人の指示に対して、「なんで?」「だって～だから」「だから○○しているの」といった反論をしてきます。子どもとの衝突が続くような場合には、大人は自分の優先順位を子どもに伝えた方がいいでしょう。

順序数(序数)がわかるようになるのは、一般的にはおおむね4歳代の半ば以降です。なお、順序数が理解されだすと、「一番」になりたがる姿が見られるようになってきます。同じ時期に勝ち負けへの意識も強まり、大人とも競い合い、「一番!勝った!」と喜んだりします。

この順序数が理解できれば、「一番目にやってほしいことは○○、二番目は□□」というように、大人は説明できます。

ここで大人が、自分の順位ばかりを優先して主張すると、勝ち負け意識が強まっている子には、反発されるかもしれません。大人の言うことに従うことは、自分の「負け」と考えるかもしれないからです。自分の順位ばかりでなく、子どもの優先順位も聞き、双方で交渉して妥協点を見つけることも大切です。

毎日の生活のことだから、甘い顔はできないということもあるでしょう。ただ、命令されて仕方なく、いやいやながらやってきた子は、中高生になっても「自分でやろうとしない」「だらしないまま」になってしまうようです。身のまわりのことができることは、本来は子どもにとって、「できるようになった」という実感と、「大きくなった」という誇りを持たせる場合が多いものです。

一方的な命令のもとで、服従してやる行動は、誇りにつながらないのかもしれません。

親子も人間関係のひとつです。ときには子どもを対等な存在ととらえ、交渉や駆け引きが必要な場合もあります。

なお、まだ順序数がわからない子には、「すぐに（いっしょに）やろう」と言って、大人も行動をともにすることで、子どもに優先順位を伝えるとよいでしょう。

子どもが大人の指示に従い、お手伝いを終えたときには、「ありがとう」と言いたいものです。

このことばで、子どもは自分が役に立ったことを感じます。また、感謝されることによって、自分への自信も持つでしょう。「ありがとう」はスムーズに日々を送り、成果を上げるためには必要不可欠なことばだと思います。

5

わからない

伝わるように言う

4歳～

最近の子どもが「フツウ」や「ビミョウ」という表現をよく使うのは、会話に自信がなくなっているからかもしれません。本当にわからないときは、「わからない」と表現できるようにしたいものです。

わからない

わからない
どうして!?
ちゃんと答えなさい
そうよパパが真剣に聞いているのに、そんな!
わからないって言うとしかられるかも…
でも何て答えればいいかわかんない
いつのときのことを聞いているかわかんないし
やっぱりこんな時はさ～便利なあの言葉でしょ～
お友だちとけんかでもしたのか?
何だそれ?
いいの? いやなの?
ビミョウ
フツウ
こういう気持ちから答えに困ってイマドキことばを使う場合もあります

わからない

質問を二者択一にしてみる
だから答えやすいように誘導してあげるといいかも
じゃあ先生のお話聞いたとき行きたいと思った？
それとも行きたくないと思った？
行きたいと思った！
ん〜…
ビミョウ
過去を思い出させる質問にしてみたり
年少さんのとき行った遠足でどこがおもしろかった？
んーっとねいも堀り遠足！
いっぱいとれたー
そっちがいいんだ
わからなかったらわからないって答えていいのよ
あのね行きたいけどバスがくさいからー乗りたくないの
そこかい…
「わからない」という選択肢を教えてあげる

「フツウ」「ビミョウ」

「学校は、楽しいですか?」に「フツウ」。「勉強は、嫌いなの?」と聞くと、「フツウ」。「友だちとよく遊ぶ?」にも「フツウ」。「好きな友だちはいますか?」に「ビミョウ」。「日曜日は何をしますか?」にも「ビミョウ」。

子どもと話していて、最近は「わからない」という答えのほかに、どうとでも取れる「フツウ」「ビミョウ」と答える子がいます。

これらは、質問にうまく答えられないときに使われるようで、ためしに「Aと思う、Bだと考える、どっち?」と二者択一にすると、答えがすぐに返ってきたりします。

ときには、質問の真意が読めないときにも用いられます。こういう場合は、質問の仕方を変えると答えが出てくることがあります。たとえば、6年生の子に「得意なことは何?」と聞きます。これに「ビミョウ」と返ってきたときには、「3年生のときに得意なことはなんだった?」というように、過去を思い出させる内容に変えます。すると、「サッカーかな」という答えがあったとします。その答えを受け「いまもサッカーは得意?」と質問します。

「フツウ」「ビミョウ」と答える子に、まじめに答えていない、はぐらかされた、ばかにされたと感じることがあります。ただ相手が教師など、社会的な役割を持つ大人の場合には、答え方によっては注意される、しかられる可能性があります。そのときの「フツウ」「ビミョウ」は相手を体良くかわす、「危険回避のことば」といえます。いったんはそう答えながら、相手の出方をうかがいます。

昔は「わからない」という答えが多く聞かれました。最近の「フツウ」「ビミョウ」は、子どもの表現力不足、混乱、それに用心深さを感じます。

ときに注意されたり、しかられたりすることが多いために、子どもが、会話に自信を持てなくなっているのかもしれないとも思います。こういう子は雑談もなかなかできなかったりします。雑談のテーマにはいろいろあります。

・天気：暑いね、寒いよね
・好きなこと：○○は好き？
・出来事：昨日何をした？
・味：○○はおいしいよね、辛いの大丈夫？
・将来：何になりたいですか？

など、子どもが答えやすい質問をして、子どもの〝会話がしたい〟という気持ちを高めていきます。

不思議なことに人間は、危険と感じなければ、質問に答える習性があります。このような習性を考えると、コミュニケーションを取りたい気持ちは子どもにもあると思います。

なお、本当にわからないときには、自分の気持ちにとらわれずに、まずは当たり前に「わかりません、教えて」と表現できる子にしたいものです。

「会話したい気持ち」になってくれるといいな
好きなこと
お天気のこと
好きな動物食べ物
将来の夢
わからない教えて！
これも自然とことばにできるといい

6

教えて

子どもへの関心を示す

4歳〜

「教えて」のことばかけと、それに続く会話は、子どもを安定させ、また自分を振り返ることで成長させてくれます。

教えて
ねね
ーー
連絡帳に何て書いてた？
今日はまあ君たちと元気に園庭で遊びまし…た…
何して遊んだか覚えている？
ん〜と ん〜と…
わすれた
教えて
❶ 面倒がるときはそのままにせず強めに
園庭でなっちゃんと3人で…
❷ ヒントを言う
あ！ おままごとでね、ごはんをダンゴムシにするから集めた
それでね みんなでおわんに入れた！
わー
フタして〜
逃げるよ〜
まあ君が花壇のところの大きい石をひっくり返したら百万円匹いた！
円はお金
まあね
い〜っぱいいいて でも…お絵描きの時間になっちゃった

教えて

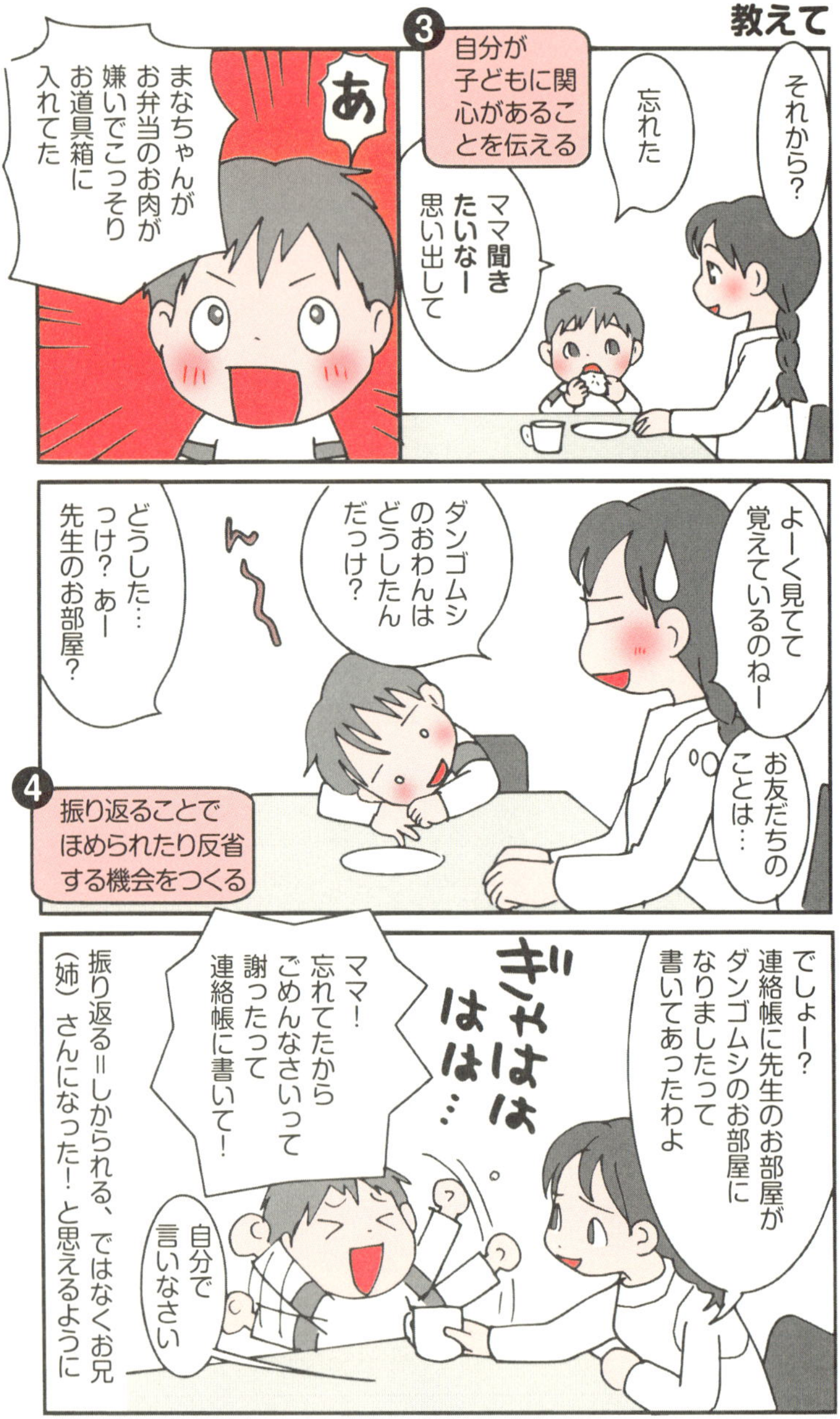

それから?
忘れた
自分が子どもに関心があることを伝える
ママ聞きたいなー思い出して
あ
まなちゃんがお弁当のお肉が嫌いでこっそりお道具箱に入れてた
よーく見てて覚えているのねー
お友だちのことは…
ダンゴムシのおわんはどうしたんだっけ?
ん〜
どうした…っけ? あー先生のお部屋?
振り返ることでほめられたり反省する機会をつくる
でしょー? 連絡帳に先生のお部屋がダンゴムシのお部屋になりましたって書いてあったわよ
ぎゃははは…
ママ! 忘れてたからごめんなさいって謝ったって連絡帳に書いて!
自分で言いなさい
振り返る=しかられる、ではなくお兄(姉)さんになった! と思えるように

「教えて」で知る子どもの世界

子どもがやったことなどを思い出せる、振り返れるようになるのは3、4歳からです。このころに大人は、「何をしたの、だれと遊んだの、どこに行ったの」などと聞き、「教えて」と続けます。子どもは、大人の質問を受け、自分のことを振り返るようになります。また、大人が自分のことに関心を持っていてくれていると安心もします。きっと、自分に大人の目が向いている、そして守られていると
も思うのでしょう。

親と話をしていて、子どもの好きな友だちの名前や遊びをよく知らない場合があります。これは、親子の会話が少ないのが原因ではないかと思います。毎日の仕事や家事に追われていると、子どもと話す時間が取れず、子どもの毎日のこと、感じていることがわからなくなるのでしょう。

不思議なことに、子どもは質問されれば答えようとします。これは大人も同じです。質問されれば答えてしまいます。質問されても答えない子は、まずは質問の意味がわかっていないのではないかと考えます。その場合は、質問の文章を、わかりやすいように変えてみます。

わかっているようだけれども答えないときは、子どもが何か問題を抱えている

場合があります。子どもの家庭環境などを調べてみて、もしも原因がわかれば子どものストレスを減らすような対応が必要です。

子どもは、大人の目が向いていないと感じると、ダダをこねたり反抗したりします。そうやって大人の気を引き、自分への注目を集めていると考えられています。そのことばや行動には、大人に対して、自分のことをもっと見て、もっとかまって、ちゃんと守って、というメッセージが込められているともいわれます。

振り返りと、求めだす社会的承認

子どもは振り返るようになると、たとえば連絡帳の内容を気にしだすなど、人からの評価を気にするようになります。社会的評価に目が向くようになるといえます。自分でいいことをしたらほめてもらいたがるし、家族以外のほかの人にもそれを伝えるように求めたりします。悪いことをしたと思うと、自分で振り返りながら反省や言動の自己修正もできるようになります。このころの子どもと関わっていると、ずいぶんと成長したなと感じるようになります。

「教えて」のことばかけと、それに続く会話は、子どもを安定させ、また成長させてもくれます。

大人が促すことで振り返る子ども
朝
きょうしつで
昼
お砂場で…
午後
先生と…
今日はいちばん楽しかったは何が？
えーと…
振り返る、そして話すことで
お友だち怒ってたな
いじわるだったかな？
成長
がんばったから話してほめてもらいたいな
そして気持ちも安定
お母さん気にしてくれるんだなー

7

じゃんけん

すぐに「勝ち負け」がわかる

5歳〜

「じゃんけん」は、勝つチャンスが自分にも相手にもある公平なルールです。また、集団のなかで発生したイサカイの平和的な解決策のひとつです。

じゃんけん

複雑なルールで遊び始めるころ
じゃんけん
ポイ
あいこで
じゃんけんのルールも身についてくる
複雑なルールとは
あ、負けたからシンジがオニね
ぎゃ〜〜
やだー！
勝ち負けにこだわりすぎないとか
もう１回！もう１回！
じゃーんけ〜ん
だめだこりゃ…
順番、かわりばんこが自然にできる
じゃあボクがオニね
次はぼくね！
用意するなどの役割を果たすなど
ハンカチもってくる！
まってて
おねがいね
できるようになったスキルが組み合わされた決まりのこと
じゃあハンカチ見つけたら２周ね！
うん

じゃんけん

グループの大切なルールのひとつに
おー何やってんの?
メンバーを守るというのがある
ハンカチ落とし?ダサー
ププー
いいじゃん
やろうやろう
ちぇ!あほおまえのシャンプーソース!
あっち行って
ソースじゃない
互いに守り合うことで
やっぱり入れて~
ソースじゃないし
プ
ケンカしないならいいよ
グループの結びつきは強くなる
じゃあオニ決めね
じゃんけん
ポイ
ただそれ以前に
それ何?
…パー
こういうのは論外である…
必ず誰かがやる…

じゃんけんの効果、有効性

5歳児の9割が、三すくみのじゃんけんについて、その勝ち負けを理解するとされます。世界中にじゃんけんに似たようなものがありますが、日本のじゃんけんは、江戸から明治時代にかけて広がったそうです。百数十年で日本中の子どもに広まったことになりますが、じゃんけんの効果、有効性が高かったからでしょう。

じゃんけんの良さは、その場で、なおかつすぐに「勝ち負け」がわかることです。自分の手指で形を作れて簡単、何の道具もいりません。その簡易さのおかげで、子どもたちには使い勝手がいいのでしょう。

子どもが、遊びの場面でほかの子といっしょにやれるようになるのは3歳過ぎからです。順番がわかる、かわりばんこにおもちゃを使うなど、簡単なルールが守れるようになることで、2、3人で遊べるようになります。ルールがわかってくると、無用な争いも少なくなります。

子どもは、2、3人の小集団から徐々に大きな集団を作り出します。子ども集団が形成されてくると「いす取りゲーム」「フルーツバスケット」など、大人数で遊べるようになります。集団を形成する子どもの数は、10数人から20人を超えるまでになります。この集団遊びは、だいたい4歳代半ばから見られるようになります。

子ども集団は、みんなと遊びたいという思いをベースに作られます。その方がおもしろく、わくわくできるからでしょう。集団形成には、メンバー（構成員）と目的が必要とされます。メンバーには、たとえばいす取りゲームのときにその「ルールを守る」、いすを用意するなど「役割を果たす」ことが期待されます。勝ち負けにこだわりすぎる、自分の感情を抑制できない子に対しては、時間が経つにつれ、メンバーの見方が厳しいものになります。逆にいえば、集団は個人に自制心を身につけさせるともいえます。

忘れてならない集団の役割に、メンバーを守るという働きがあります。メンバーを守れなければ、構成員は減っていき、やがて集団は崩壊します。なお、集団に入れない子は、メンバーから守られた体験が希薄のようです。守られた体験が弱いために、集団への帰属意識が持てません。その結果「ぼくの話を誰も聞いてくれない」「わたしのことをみんなでいじめる」といったような、被害的な話をしたりします。

なお、子ども集団のなかでも、順番をめぐるイサカイなどが発生します。その際に、平和裏な解決策のひとつが、じゃんけんとなります。

社会性すごろく
ほかの子と遊びたい
と思う
勝ち負けが楽しめる
じゃんけん
マルのなかは安全なの！
順番が待てる
次は勝つよ
ルールがわかる
両手でタッチね
じゃあ3回で交代しようよ
いいよ
自分たちで相談して 決められる 従える
役割を果たす
仲間を守る
丸を描く！
じゃあいす持ってくる
まだまだ続く…

8

多数決

大勢に従うことが求められる

6 歳～

6 歳ころになると、子どもは、民主主義の大原則である、「多数決」のルールを理解しだします。

多数決

みんなで仲よく遊ぶために身につけてきたスキルでも
はんぶんこ
正義・道徳
取ったらいけないんだよ
わーん
じゃんけん
ポイ
キコキコ
順番
なかなか解決できないことが出てきたとき
だからじゃんけんで決めようって
だって!
じゃあ多数決にしたら?
❶大人が助け舟を出してあげても
たすうけつって何?
一番人数が多いものに決めるやり方よ
だるまさんがころんだがやりたい人手をあげて
はい
はい
じゃあどんじゃんけんがいい人は?
はい
どんじゃんけんが多いからどんじゃんけんだね!
でもちょっと待って
さきちゃんは手をあげてないけど何がよかったの?

多数決

かくれんぼ
だめ！つまんないし！
やってもいい！
❷ 多数決だけでなく少数意見も聞く体験を
じゃあどんじゃんけんの後、だるまさんをやって、それからかくれんぼしたら？
いいよ
いいよ！じゃあじゃんけん
ポイ
あら？やらないの？
なかには結果に従えない子や被害的な考え方が多い子も…
みんないじわるだからできない！
それにオニの人はいつもパンチする！
そうかな？
でもどんじゃんけんやってみたらおもしろいかも！
タッチのときは痛くしないでねって言おうよ
❸ 偏った考えを修正してあげて参加を促す

強いと正しい、どっちがいい？

子ども集団が発生すると、さまざまな争いの種があります。たとえば、食べ物などの分配では、「はんぶんこ」といった「公平さ」で解決します。三輪車などを順番に使うといったことも、公平さのひとつです。「じゃんけん」でだれが先にやるかを決めるのも、勝てるチャンスは相手にも自分にもあるのですから、公平なルールといえます。

6歳ころになると、子どもは「強いと正しい、どっちがいい？」と質問すると「正しい」を選ぶようになります。道徳的な判断ができるようになった証拠です。「ほかの子をたたいた」、それは「いけないんだ」とたたいた子を非難するようにもなります。

ただ、子ども集団に発生するテーマは、道徳のようにわかりやすいことばかりではありません。たとえば、何をして遊ぶか、どのようなルールで遊ぶか、さまざまな役割に対してだれが担うかなどは、すっきりと割り切れるものではありません。どの意見が正しいか、適切かを決めるには、子ども同士での話し合いが必要となります。

この話し合いは、円満に解決されないこともあります。そして、「多数決」、つまりは大勢に従うことが求められたりします。子どもは、民主主義の大原則である、「多数決」のルールを理解しだします。

ただ、少数意見の尊重についても教える必要があります。「多数決」で押し切るのではなく、少数の話もよく聞き、受け入れられるところは仲間として取り入れるよう促します。

集団で決めた結果に従えない子

子どもたちのなかには、この多数決が理解できないのか、集団で決められた結果に従えない子がいます。こういう子は、「じゃんけん」でも触れましたが、子どもも集団に帰属していない、帰属意識が持てないでいるのが原因ということがあります。特に、一方的に被害的な見方を示す子どもは要注意です。その見方が強まってくると、集団に参加することがさらに難しくなるからです。子どもの見方に偏りがあることを大人は認識し、そうではないという事実や見方を教える必要があります。

同世代に、話し相手となる友だちがいれば、自分の誤った意見を修正することができたりします。そういう友だちがいないと、自分の考えにとらわれてしまい、修正するチャンスがありません。そういう子の場合は、大人が注意して関わる必要があります。

あわせて、集団のなかで何らかの役割を果たさせる、また、その子自身が集団の一員であることを意識させる（たとえば、「○○くんは□組」）といった働きかけが必要です。

多数決はじめの一歩
たくさんの子が　やりたいことをそれぞれ言うと
かくれんぼ
×2名
ボール遊び
×3名
おにごっこ
×3名
あまりにとりとめがないので
?
カレーライスごっこ
×1名
うさぎとび
×1名
ボール遊びの人はこっち
おにごっこの人はこっち
どっちが多いかな？多いほうを今日はやろうよ！
多数決のルールや理解が進んで慣れてくると…
みんなで遊んだほうが楽しい
ボールでもいいや
今日は仕方がない

9

バチがあたる

目には見えない、道徳観、倫理観

7歳〜

6歳前後から子どもは、道徳観、倫理観、理想などを身につけるとされます。これらは、人の社会で生きていくためには必要な知識、判断基準でもあります。

バチがあたる

子どもは成長するにつれ
正しい
がいい〜！
正義感や道徳観を身につけていく
とはいえそこは子ども…
いけないんですーー！
だめでしょーー！
そんなに責めないで…
とっても自己中心
⇦廊下を走っただけ
フロイト的説明
だめーいけないんだよー
テンちゃん本人
エス
やろうよやろうよ
イド（自分の欲望）
スーパーエゴ（自分の良心）
表に出てる自分
いつも頭の中では
いけない
やりたい
タタカイがある…
そんな時期の子どもに昔の知恵はなかなかすごかった
わるいおじいさんは
むかしばなし
えっ!?
こうしてバチがあたったのでした

バチがあたる

バチって何?
バツのことよ
ママや先生が見ていなくても
悪いことをするとこわいオニが見ててあとで困るということ
つまりテンちゃんが嫌いなブロッコリーをごみ箱にこっそり捨ててもオニは…
バチ
聞いちゃいない
ここぞとばかりエンエンと…
引き出しの100円を貯金箱に入れた
へへ…
オニ
あ!
オニが見てた?
みなさん太鼓のバチが1本ないの探してくれる?
ばち
ゴン
100円とったべ
えー
ばち?
あった
先生あった!
わーありがとう!
助かったー
「バチがあたる」は自分の判断に迷う子どもの大切な基準にもなったようです

トシドン

6歳前後から子どもは、「乱暴してはいけない」「人が嫌がることはしない」「赤信号では渡らない」といった、正しいことに関心を持ち、自分の判断基準としていきます。大人が赤信号で渡ろうとすると、子どもは非難したりします。ただ、このときに子どもが「正しい」と思う内容は、自分中心の見方であることが多く、一方的だったりします。相手の事情にも目を向けようとしません。正しいことを主張しながら、自分でそれを破ったりもします。その姿から、「自分のことは棚に上げる」と思われたりします。その主張は、自分の都合のいいように話す、へ理屈のように受け止められることもあります。

なお精神分析では、超自我（スパーエゴ）と言いますが、この時期に、道徳観、倫理観、理想などを子どもは身につけるとされます。これらは、人の社会で生きていくためには必要な知識、判断基準でもあります。

鹿児島県の離島、甑島（こしきじま）の風習に「トシドン」があります。毎年おおみそかの夜に、鬼の仮面を被り神様に扮した男たちが子どもの家に行き、主には6、7歳くらいの小さい子のようですが、「勉強しているか」「弱い者をいじめていないか」と問いただします。事前に、家族に「いいこと」についても聞いておき、怖がらせるばかりではなく、ほめもするそうです。

正義や道徳律、倫理観などは目には見えない抽象的なものです。トシドンは、鬼の仮面を被った現実に見える存在です。その姿を見ることによって子どもは、正義や道徳律、倫理観などの実在を信じるようになると思われます。こういう風習は、秋田のなまはげなどにも見られ、先人が考え出した子育てにとって必要な知恵なのでしょう。

正義、道徳、倫理の意識

「天網恢恢疎《てんもうかいかいそ》にして漏らさず」ということばがあります。

「天が悪人を捕えるために張りめぐらせた網の目は粗いが、悪いことを犯した人は、ひとりも漏らさず取り逃さない。天道は厳正であり、悪いことをすれば必ず報いがある」という意味だそうですが、こういう意識が、人を悪事から遠ざけます。

まだ使えるのに捨てると、昔は大人から「もったいない」と注意され、そのあとに「バチがあたる」と言われました。多くの子どもたちが悪いことをすると、たとえ見つからなくても「バチがあたる」と信じていました。

宗教の影響力が強くない日本では、子どもに正義、道徳、倫理などを意識させるときに、この「バチがあたる」は有効でした。こういう見方が、子どもの自制心を育てるとも思います。あらためて子どもに伝えたい教えです。

著者略歴

湯汲英史（ゆくみえいし）

公認心理師・言語聴覚士・精神保健福祉士
早稲田大学第一文学部卒
公益社団法人 発達協会　常務理事／早稲田大学非常勤講師／練馬区保育園巡回相談員など
『子育てが楽になることばかけ 関わりことば 26』（鈴木出版）、『「わがまま」といわれる子どもたち』（鈴木出版）、『発達促進ドリル』（鈴木出版）、『0歳〜6歳 子どもの社会性の発達と保育の本』（学研プラス）など著書多数
◆発達協会ホームページ http://www.hattatsu.or.jp

マンガ・イラスト（株)ラッシュ　齊藤　恵
カバーデザイン（株)ラッシュ　齊藤　良
本文デザイン（株)アルファ・デザイン
編集担当　菊池文教　乙黒亜希子

気持ちのコントロールが苦手な子への
切りかえことば 26
折れない心を育てることばかけ

2014年 7月25日　初版第1刷発行
2021年 3月 4日　初版第5刷発行

著　者　湯汲英史
発行人　西村保彦
発行所　鈴木出版株式会社
〒101-0051　東京都千代田区神田神保町2-3-1 岩波書店アネックスビル5F
電話 03-6272-8001　FAX 03-6272-8016
振替 00110-0-34090
◆鈴木出版ホームページ
http://www.suzuki-syuppan.co.jp/
印刷所　株式会社ウイル・コーポレーション

ISBN978-4-7902-7239-7 C0037